新装版

電通の正体

『週刊金曜日』取材班

金曜日

『電通の正体　新装版』の発刊に際して

　このたび『増補版　電通の正体』を『新装版』として発刊することになった。そもそも初代ブックレット『電通の正体』が刊行されたのは二〇〇五年二月。スキャンダルだけでもない、日本の広告業界のオーラルヒストリーを試みたつもりである。結果、『増補版』はロングテールで売れ続けたが、いよいよ八刷りでうち止めにし、ついには在庫もなくなった。しかしながら問い合わせは度々いただく。そこで、そのままの形で増刷することには気が引けたので、発刊後の取材記事などもあわせた『新装版』とすることにした。そのため本書の大部分（第三章〜第一二章）を『増補版』が占めている点にご留意いただきたい。

　電通は日本最大の広告会社だが、その内情が活字になる機会が少ない。なぜかといえば、まず、待遇に満足しているため社員による内部告発が少ない。また『週刊金曜日』のような読者がスポンサーとなっている独立系メディアは別だが、新聞・テレビ・出版のような媒体にとって広告は営業上不可欠。広告会社を批判したところで得はしない。むしろ商売にマイナスに作用するだけだ。このような媒体と電通の関係は、一般社会への情報提供を阻害をもする。そのため電通が日本のＰＲ（パブリック・リレイションズ）文化を歪めたとも言える。その情報バイアスのためか、政治や企業の背後で暗躍しているという噂やイメージが肥大化して、電通に触れることはタブーであり、電通がメディアをコントロールしているとまで噂をする「電通タブー」が生まれた。今でもインターネットで検索すれば電通陰謀論を目にすることはできる。

一方でそのような「何でも屋」としてさまざまな依頼を頼まれ、引き受け、こなすことは、クライアント（広告主）や電通社員たちからすれば美談や武勇伝として語り継がれる。しかし「マスコミタブー」と言われれば斬り込もうとするのが独立系雑誌ジャーナリズムの本懐である。フリージャーナリストらと協力して連載をし出版をしたのだった。

だがその後は私達もこの会社に関心を失っていた。二〇〇〇年に株式上場して以降、「普通の会社」になってきたように感じたからだ。電通に限らず株式上場前と上場後では企業の体質は大きく変わる。一部上場企業になるということは日々の株価に一喜一憂することだけでなく、コンプライアンス（法令遵守）や内部統制に縛られることを意味する。非上場時代には何をしでかすかわからない雰囲気をまとっていた電通も上場企業としての立場が「型破り」さを失わせるようになった。また世間一般的にも一九九〇年代以降は商法改正で総会屋も徹底的に排除され、企業がアウトローと付き合うことも激減した。日本の上場企業は〝表面上〟はきれいな会社になっていった。

広告や媒体を取り巻く環境も大きく変わった。テレビや新聞などマスメディアの「時間」や「紙面」という枠を買い占めて、それを広告主に売却することで数百万、数千万円単位の利益を上げるビジネスがメインだった「メディアの地主」からすれば、インターネット広告は小さなビジネスだっただろう。小さく細かい仕事は面倒だから電通も手を出したがらないと言われていたが、インターネット広告そのものはすでに一兆円を超えており、テレビ以外のマスコミ四媒体を易々と追い越している。電通もまるで毎週のように世界中の企業と業務提携をすすめ、電通グループは一四〇カ国以上に拠点を置く企業になった。

しかし二〇一六年に入り、電通は社史上で最大の危機を迎える。疑惑や事件が次々に明らかになったのだ。前年の東京五輪エンブレム問題、インターネット広告の過大請求、世界陸上連盟会長親族への裏金疑惑、公開された「パナマ文書」でもDENTSUの文字が見つかった。かつての剛腕の「亡霊」が甦ったような空気が漂ってきた。最大の問題は新入女性社員の過労自殺の社会問題化だ。「憲法番外地」である姿が明らかにもなった。その結果、企業やその商品に好感をもってもらうことが仕事の広告会社にとって、最も不名誉ともいえる第五回ブラック企業大賞（二〇一六年一二月二三日）を受賞する事態に至った。ＰＲ

まで社業を広げてきた会社としては致命的だ。ブラックジョークにもほどがある。

さて、電通は東京五輪のマーケティング専任代理店である。大手マスコミそのものが東京五輪では莫大なスポンサー料を支払い、当然電通はその広告も扱う。東京五輪については衆参両院で招致決議もしているため、マスコミだけでなく政治も含めて日本で成功させることが約束されている。

そもそも東京に五輪を招致するという文言は二〇〇五年にはじめて目にした。それは電通が作成したと言って、ある人物から渡されたプレゼンテーション資料にあった。当時、石原慎太郎都知事の下、東京都は再開発を次々に進めていたが、数少ない広大な未再開発地域となっていたのが明治神宮外苑一帯だった。ここを再開発する名目で「２０２６年に東京にオリンピックを誘致するという一文がこの資料には書かれていたのだ。「２０２６年」は明治神宮外苑一〇〇周年の年なのだが、もちろん二〇二六年に夏季五輪を行なうことはできない。その程度の企画書だった。この神宮利権の顛末は「スーパーゼネコンや電通も登場　明治神宮が神社本庁離脱直後に急浮上した『外苑再開発計画推定1兆円以上』」という記事（第一章）で報告している。当時は東京五輪など荒唐無稽なホラ話だと思っていたし、この再開発計画は記事の暴露により頓挫したと聞いた。二〇〇九年に東京は五輪開催地として落選もした。

しかし一度動いた巨大な船は止まらない、二〇一一年、石原慎太郎が都知事選に出馬。四期目の当選後に五輪招致を表明し、再び東京五輪は動きだす。東京五輪利権を追求している元自民党政治家の山口敏夫によると、すでにやる気をなくしていた慎太郎に都知事選出馬を懇願したのは森喜朗元首相（日本五輪招致委員会会長）だという。森が慎太郎に出した条件は息子・伸晃の自民党総裁の椅子だったそうだ。つまり総理の椅子だ。しかし伸晃は二〇一二年九月に総裁選に出馬したものの落選。このときに総裁になり、総理になったのが安倍晋三だ。慎太郎は気が抜けたのか、翌一〇月に突如都知事の職を放り出した。

しかしこれで二〇二〇年東京五輪、東京再開発は実現へと動き出した。私はこの一件があったため東京五輪がいくら素晴らしい夢や理念を掲げ、ひとびとが一喜一憂していても、結局はフジテレビ本社のある臨海副都心など東京の塩漬けになった土地を再開発する口実ではないかと冷めた見方をしてしまうのだ。五輪と万博は経済波及効果があるということが大義名分だ。二〇二五年には大阪万博開催が進められている。一九六四年に東京五輪が開かれ、一九七〇年に大阪万博があった。この「懐かしい昭和」のビッグイベントを繰り返そうとするところにこの国を牛耳る面子が変わっていないことを確信する。唯一違うところは「平成」では跡地でカジノをやろうと画策したことだろう。

そもそも一九五五年一〇月に日本社会党が合同し、これに危機感を覚えて一一月に自由民主党が結成される。奇しくもこの年の七月には電報通信社が改名し電通が誕生していた。社会党の名前はもはやなく、現在も残っているのは自民党と電通の二者だ。この「裏の五五年体制」コンビは現在さまざまな局面で共依存関係にある。そんな権力とカネが一部に集中する〝保守的〟な現代日本において、戦前に源流をもち戦後日本と足並みを揃えて巨大に成長してきた電通という老舗広告代理店にあらためて注目する意味もあるはずだ。本書がその参考になれば幸いである。

本書掲載に際して表記や肩書きなどは原則的に記事掲載当時のままであることをお許し願いたい。筆者クレジットのない記事は全て特別取材班による。本書の電通に対する分析も当時の分析である。今回の発刊に際し、取材に協力してくれた電通や広告会社の関係者、ジャーナリストのみなさんにあらためて御礼を申し上げたい。

（文中一部敬称略）

二〇一八年六月

『週刊金曜日』前編集長　平井康嗣

目次

本書に掲載されている記事の多くが『週刊金曜日』に連載されたものである。全ての記事が『電通の正体』ブックレット、『増補版　電通の正体』、『電通の正体　新装版』の際に加筆・修正されている。初出については以下の発売号や出版物である。

［初出］

電通の正体とは　佐高信（『増補版　電通の正体』=2006年9月22日発売、以下同）

1　スーパーゼネコンや電通も登場　明治神宮が神社本庁離脱直後に急浮上した「外苑再開発計画推定1兆円以上」（2005年3月18日号）

2　メディアが報じない電通の株主総会（2018年4月27日・5月4日合併号、5月11日号）

3　沖縄県知事選での暗躍（『増補版　電通の正体』）

4　広告業界制覇のカラクリ（2004年10月29日号）

5　テレビを支配するメディアの地主（2004年10月15日号）

6　公正取引委員会が本格調査に着手した広告業界（2005年5月13日号）

7　新聞社にも圧力（2004年11月5日）

8　葬式から五輪・万博まで（2004年10月8日号、10月1日号）

9　永田町との深い関係（2004年11月26日号）

10　ブランド人材を買い漁る（2004年11月12日号）

11　電通前史　テレビと広告に転機はくるのか
只野仁・元大手広告会社テレビ局長（『増補版　電通の正体』）

12　大下英治×佐高信　「小説電通」の作者が語る舞台裏（『増補版　電通の正体』）

あとがき（『電通の正体』=2005年2月17日発売）

column

●〝内弁慶電通〟に押し寄せる黒船（『増補版　電通の正体』）

●CMの著作権は誰のものか、広告業界に波及も　元電通社員が破った〝三業界合意〟（2014年2月28日号）

●必死で入手した汐留本社（『増補版　電通の正体』）

●『噂の眞相』、「2ちゃんねる」を訴えた電通社員（2004年12月3日号）

●終わりのない社内薬物汚染（2004年11月5日号）

●〝アッキー〟2度目の社会人デビュー（2006年12月1日号、2017年5月30日臨時増刊号）

［参考文献］

田原総一郎『電通』朝日文庫
石川三郎『電通王国・裏事情』エール出版
石川三郎『電通王国の危ない変身』エール出版
宇治芳雄『電通解剖』悠飛社

電通の正体とは

マスコミを支配する〝日本版ＣＩＡ〟ともいわれる電通は、たとえばどんな時にその正体を現わすか？

この本の姉妹編ともいうべき小社ならではのベストセラー『トヨタの正体』で、真っ向からトヨタとケンカしているミサワホームの創業社長、三澤千代治さんが、

「いつからミサワ報道が止まったのか？」

という私の問いに、こう答えている。

「(二〇〇六年) 一月からですかね。〇五年一二月に『ミサワを再生機構にやればいい』と奥田碩さん (トヨタの元会長で日本経団連前会長) が発言した。これでミサワの株が下がり、契約も解除されてしまったんです。だから、ミサワの個人株主に荒井敬一郎さんという方がいて、記者会見を開いた。経団連の会長が一企業について発言するのはおかしい、しかも買収するんだからおかしいと。これはトヨタの広報が全力投球して、電通 (日本最大の広告代理店、トヨタ自動車は最大の顧客) の中にあるプロジェクトチームがマスコミを止めてしまった」

思わず私が
「電通にプロジェクトチームなんてあるんですか」

と尋ねると、三澤さんは言った。

「あります。電通の連中がそう言っていますから。そういう緊急事態対策をやって、お金にしているんですよ。以後、私の記者会見はもうマスコミに載らなくなりましたね」

これだけでなく、電通は政治や思想の分野にまでその支配の手をのばす。この増補版で加えられた一節は、全国民の論議の的となっている靖国神社の現宮司、南部利昭が電通出身であり、なぜ、そうなったかが詳述されている。

「朝まで生テレビ!」や「サンデープロジェクト」など、テレビ朝日系の番組で、傍若無人の態度をとる〝電波芸者〟田原総一朗と電通の関係も深い。〇四年夏に田原の妻、節子が亡くなった時、その葬儀委員長を務めたのは、電通の社長、会長を歴任した成田豊だった。

小渕恵三、森喜朗そして小泉純一郎と、時の政権にぴったりと寄り添い、さらに安倍晋三の側用人にもなろうとしている田原と電通の〝成田天皇〟がこれほど深く結びつくのは、あるいは当然なのかもしれない。田原は電通のマスコミ支配の象徴であり、電通の〝御用芸者〟なのである。この本もまた、広告に依存しない小社にしか書けないものだった。マスコミ最大のタブーの電通の正体を暴くことを通して、いまのマスコミの惨状が見えてくる。

二〇〇六年九月一〇日

佐高信（評論家）

第1章

スーパーゼネコンや電通も登場
明治神宮が神社本庁離脱直後に急浮上した
「外苑再開発計画推定1兆円以上」

明治神宮が神社本庁と〝喧嘩別れ〟し、二〇〇四年五月に神社本庁からの離脱を表明。その直後の六月、神宮外苑約二〇万平方メートルの再開発計画をめぐり電通が極秘裏で動き出していたことが明らかになった。

＊

二〇〇四年五月八日、東京都最大の神社、明治神宮（渋谷区）が突如、神社本庁（池田厚子総裁）からの離脱を表明した。神社本庁は、全国の約七万九〇〇〇社を包括する巨大宗教法人である。

そもそもの発端は、同神社が「昭憲皇太后九十年祭」の参拝式の案内状に「両陛下」と書くところを「両殿下」と誤記してしまったことだった。この後、明治神宮は宮内庁に詫び、神社本庁に始末書を提出、謝罪をするが、宮司の進退伺いを求められたため、責任役員・総代会が全員一致で、神社本庁との離脱を決定。そして七月二〇日に離脱申請を行なった。ちなみに、総代は石原慎太郎東京都知事である。

「この〝不祥事〟の原因は明治神宮トップ、外山勝志宮司の私生活の問題にある」と、右翼団体が旗揚げ。〇四年九月以降、外山宮司に質問状を送りつけ、明治神宮や外山氏の自宅の周りに街宣車が乗り付けるなどの騒ぎになった。〇五年三月には、外山宮司の自宅が右翼に襲撃された。

明治神宮が神社本庁を離脱したことについて、関係者は次のように話す。

「明治神宮は東京最大規模の神社、つまり日本でも最大規模の神社。だが、神社本庁下にいれば、神社本庁憲章や規則の制約を受ける。にもかかわらず、新参者として神社本庁に役員を送り込めず、兼ねてから不遇を味わってきた。そこで、『天皇皇后両殿下』問題を好機に、離脱したのではないか」

だが、それ以外にも〝離脱〟をめぐっては不可解な動きがあった。

離脱表明直後に電通が

二〇〇四年六月、大手広告代理店の㈱電通の社員が厚さ1センチほどの企画書を手に、スーパーゼネコンなどを回り始めた。

企画書の名前は、「GAIEN PROJECT『21世紀の杜』企画提案書」。パワーポイントで作られた企画書には「平成16年6月 dentsu」のクレジットが見える。

明治神宮離脱表明直後に、神宮外苑再開発計画構想が動き出したのである。企画書作成には少なくとも二、三カ月はかかると言われ、離脱表明前から準備にとりかかっていたと考えられる。

神宮外苑といえば、すでに再開発された汐留、六本木に次ぐ、東京のど真ん中に残された最後の未開発地とも呼ばれている。六大学野球やヤクルトスワローズのホーム球場でもある神宮球場、大学や社会人ラグビーの殿堂である秩父宮ラグビー場などアマチュアスポーツの〝聖地〟が存在する。これらの施設は長年、建て替えられておらず、老朽化が進んでいることは確か。この土地に建物を建てれば、資産価値は一兆円以上に上るといわれる。

これらの点について電通の企画書には次のように記されている。

「『最近の再開発はビルは高いが志が低い』とお嘆きの諸兄に　東京のド真中から　日本を変える　都志再開発のすすめ」

「新しきビジネスモデルの原型は、故き神社の縁起にあり。新たな地縁を起こし、人々と末長い縁を結ぶ、温故知新のコミュニティー事業の形成を」

また新たな事業手法（ＳＰＣ・ＰＦＩ）を採用し、銀杏並木をブランドストリート化するとある。さらには外苑誕生一〇〇年に合わせて二〇二六年オリンピック誘致まで掲げている。神宮球場をドームにし、国立競技場を建て直す。秩父宮ラグビー場も新しい競技場にするという。

電通にこの件について問い合わせたが、「個別取引に関することでございますので、ご回答は控えさせていただきます」（ＣＣ局広報室広報部）という回答が返ってきた。必ずしも否定するものではなかった。

電通に企画書作成を依頼したのは誰なのか。

「志」「和」「氏子」「大和」「晴と卦」などの言葉から想像できるように、企画書はどうみても神社関係者を意識してつくられたものである。そもそも、神宮外苑や、そこに建つ主要な施設は明治神宮の所有である。しかし、境内地の処分は役員会議決の上、神社本庁統理の承認が必要だった。つまり、神宮外苑再開発は明治神宮が神社本庁に包括されたままでは難しかったということである。そして再開発話は、明治神宮が離脱を表明する前に、まるで既定路線のように浮上している。

そこで明治神宮に問い合わせたが、予想外の答えが返ってきた。

――そもそもなぜ離脱したのか、責任者の処分はあったのか。

「今裁判所に仮処分を申請しておりまして、微妙な時期であり離脱問題や内部の処分問題に答えられません」

――明治神宮外苑再開発の件はどこまですすんでいるのか。

「なんですか、それは。初めて聞きました。電通？　私たちに勝手にそんなことを計画しているとしたら、問題ですよ。役員会で話し合われた事もありません」

明治神宮は再開発計画にはまったく、関与していないと言うのだった。

再開発の〝キーマン〟の名も

だが、再開発の話は今も水面下で動いているようだ。本誌が入手した「明治神宮外苑再整備構想調査」の名簿によると、事務局には財団法人地域開発センター委員会として清水建設幹部の名が見つかる。清水建設は明治神宮社務所を設計するなど、神社関係に強いゼネコンである。

一方で、都内再開発には必ず名前の上がる〝キーパーソン〟の名も浮上した。米田勝安ＪＥＭ・ＰＦＩ共同構想代表理事である。

米田氏は平田神道宗家六代目当主、つまり神社の宮司という身分であるが、二〇〇〇年の赤坂山王パークタワーを建てた地区再開発計画にも関わっている。

この共同機構の幹事会社には清水建設や鹿島建設らスーパーゼネコンがいくつも名を連ねている。昨年、米田氏の共同機構が作成した「防災安全都市整備事業計画書」という書類が出回った。その中では、神宮外苑に外苑レジデンスという高級賃貸マンションを建設することが謳われ、資産評価を約一兆円と見積もっていたのである。

米田氏には面会し、一連の再開発計画について質問をすることができた。すると、次のような答えが返ってきたのであった。

「秩父宮ラグビー場や、国立競技場は赤字です。維持管理に工夫すべきでしょう。ラグビー場はサッカーと兼営にするなど収益性のあがるものにしたいですね。明治神宮さんからは、以前からいろいろと御相談をいただいております」

完全には再開発計画を否定しなかったのである。

かつて神宮外苑の造営は、「天皇陛下のために」と民間有志の寄付で行なわれた。それを、高収益を上げるために再開発する――。こんな計画が極秘裏にうごめいている。

平井康嗣・『週刊金曜日』編集部

以下は、神宮外苑再開発のたたき台となった電通の〈「21世紀の杜」企画提案書〉。

「2026年オリンピック誘致」という記載が企画書右上部に見られる。しかし、「2026年」は冬季五輪の年であり、企画書のつめの甘さがうかがえる。また「21世紀の古墳」「都心和風リゾート」「新しい祝祭空間」など、神社関係者へのプレゼンを意識した企画書であることが推察される。

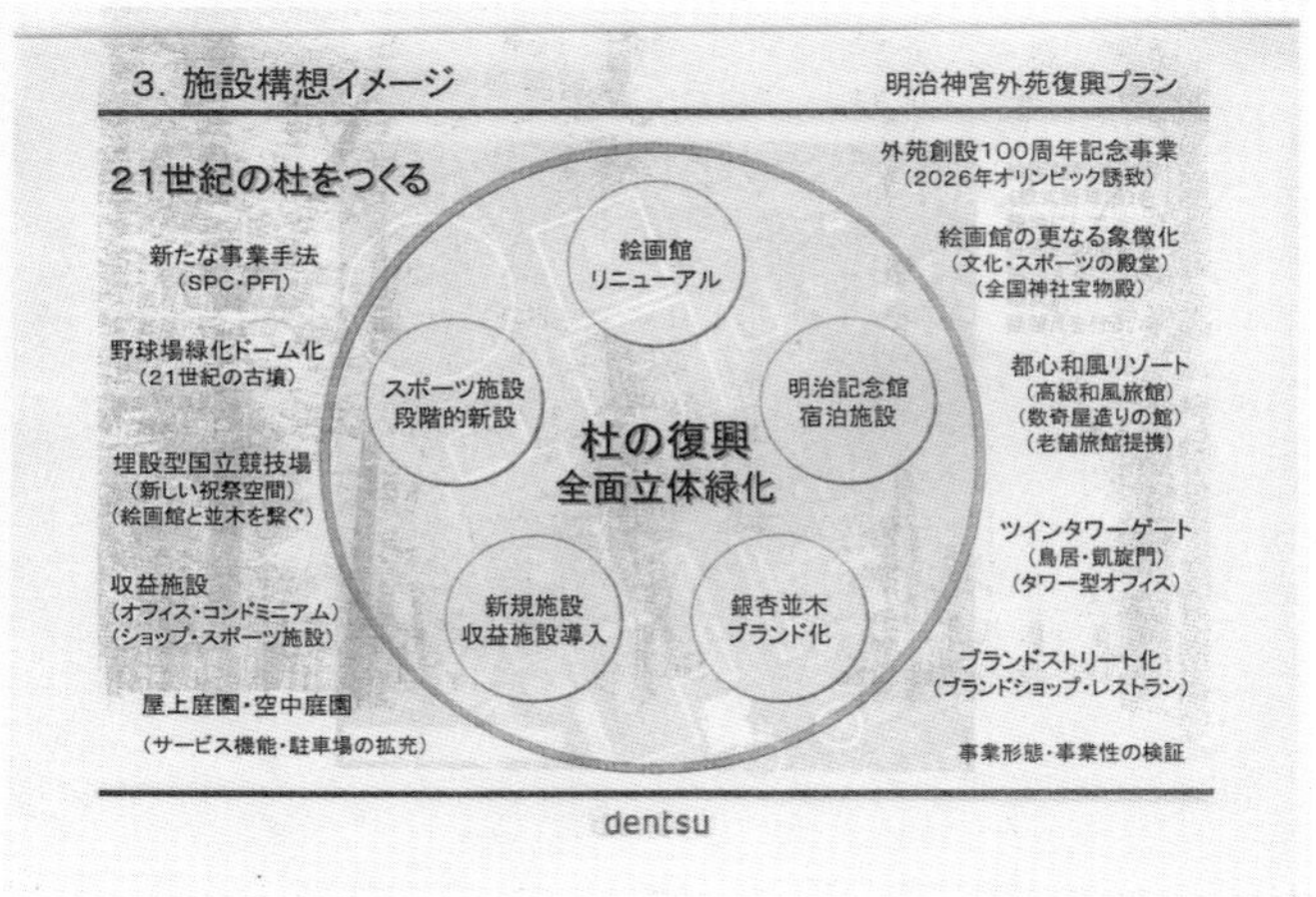

平成一六年（二〇〇四年）の段階で新国立競技場や、神宮球場（ヤクルトスワローズのホーム球場）、秩父宮ラグビー場についても言及している。実際、ラグビー場をまず壊し、そこに球場を建設。そのあと球場を壊し、ラグビー場を建設する予定である。二〇〇六年取材時には、ラグビー場をお台場に建設するという噂もあった。ともかく東京五輪は、お台場の再開発とセットで語られ続けてきたのである。

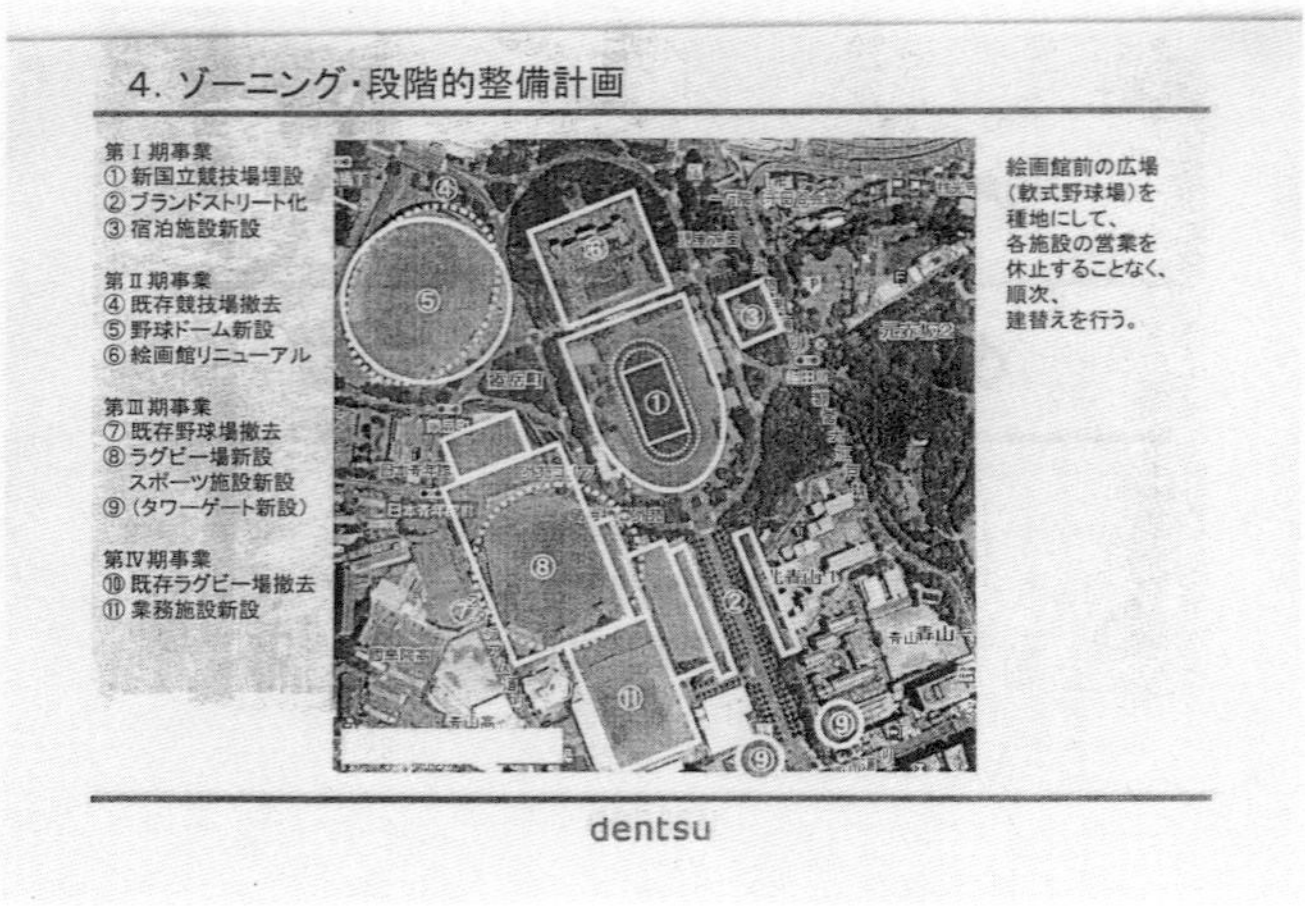

第2章
メディアが報じなかった株主総会

「セクシュアルハラスメントと言われてもやむを得ないような発言があった」

「本当に申し訳なく思っています」

この謝罪発言があったのは二〇一八年三月二九日に開かれた株式会社電通（山本敏博代表取締役社長）の第一六九回定時株主総会の席上。議決権を持つ株主四万二二五一人、議決権を行使する株主は九九〇五人いるが、同日の出席者は午前一〇時の開会時で五〇〇人ほどだったという。

時事通信の記事に疑問符

質疑応答の後半に、個人株主の吉田太郎さん（仮名）から次のような質問が飛び出した。

「電通の面接で不適切な発言をされたと、ある〈政治アイドル〉が発言していたが、そのような事実はあるのか」

これに対して冒頭の謝罪発言をしたのが、後述する高橋まつりさん過労自殺事件（二〇一五年一二月）当時に労務などを担当していた中本祥一副社長（六七歳）＝今期で退任＝である。中本副社長は次のように答えた。

〈まだ現在調査を継続しておりますが、ご指摘の通り、まあ、発言の真意がどこにあったかはわかりませんが、面接を受けた方がセクシュアルハラスメントと言われてもやむを得ないような発言があったということは、現時点での調査では否定できないという風に認識しています〉

〈このように不適切な発言があったことは本当に申し訳なく思っています。繰り返すことがないようにしていきたいと思っています。加えてまだ現在、調査をしておりますので、発言内容等、もう少し正確に捕捉した上で、社の規定の懲戒に該当する場合には、懲戒委員会を開催し、厳正な処分をするつもりであります。以上、ご回答申し上げました〉（抜粋）

中本副社長はセクハラ発言の事実を認め、謝罪したのだ。

ちなみに、同日夜に配信された「時事通信」の記事では、〈セクハラ発言「調査中」＝昨春の入社面接　電通〉との見出しがついていた。しかし、前述の発言どおり、事実を認めて謝罪しているのだから、見出しは「セクハラ発言認め謝罪」とするのが妥当ではないか。「時事通信」は「共同通信」に次いで第四位の大株主（電通の株式五・七五％所有）。慣例的に役員も送り込んでいる、いわゆるステークホルダー（利害関係者）である。

「セクハラ面接」を認めたものの

問題の「セクハラ面接」については、過労自殺した高橋まつりさん（当時二四歳）の母・幸美さん（五五歳）と川人博弁護士が、一八年一月二五日に開いた会見で明らかにしていた。違法残業をめぐり労働基準法違反の罪に問われた電通に対しては一七年一〇月六日に東京簡裁が「罰金五〇万円」の判決を言い渡したが、まつりさんの実労働時間を隠すよう指示をした元上司は不起訴処分になったことから、遺族が不当として検察審査会に申し立て（一七年一二月二七日付）。それを受けての会見の席で、川人弁護士は一七年春の採用試験の面接の際、女子学生に対して役員らによるセクハラと受け取られかねない発言があったとし、これは「昨年一月に遺族と電通が再発防止のために取り交わした合意書に違反する」などと批判したのだ。

この会見内容を報じた「朝日新聞デジタル」（一月二五日）によれば、電通広報部は「面接で発言した事実はない。合意書違反もない」と否定していた。

そもそも、高橋まつりさんの違法残業事件でも、不起訴になった元上司はまつりさんに対して「今の業務量でつらいのはキャパがなさすぎる」「女子力がない」などのパワハラやセクハラを繰り返していたとされる。

さらに、一七年一二月には電通の元社員で作家・ブロガーの「はあちゅう」(伊藤春香)さんが、自らの受けた性暴力を語り連帯する「#metoo(私も)」の動きに背中を押され、一〇年から一一年にかけて元上司から受けたセクハラとパワハラをインターネットニュース「BuzzFeed News」で証言。「BuzzFeed」の取材で、元上司が「謝罪」に追い込まれていた。電通広報部もこのとき「BuzzFeed News」に対し「今後もセクハラ、パワハラに関しては厳しく指導してまいります」などと回答していたのだ。

そうした中での「セクハラ面接」疑惑なのだから、電通はきちんと調査してから回答すればよいものを、いったんは「事実はない」と明確に否定した。しかし、隠しきれなくなったのか、約二カ月後の株主総会で一転、冒頭の中本副社長の謝罪に至ったのである。

「政治アイドル」がツイッターで発信

実は、はあちゅうさんの証言が報じられた一七年一二月一六日、プロフィールに「政治アイドル」とある町田彩夏さんが自身のツイッターでこう発信していた。

〈誰かが言わなければ何かを変えることはできないし、はあちゅうさんのこの記事を読んで、私も声をあげます。電通の選考面接で、セクハラやパワハラがありました〉

〈「高橋まつりさんが亡くなったことどう思う？」「君みたいな容姿が綺麗な人がハキハキ意見を言うのが気に入らない」「女を武器にしている」「化粧が濃い」「スカートが短い」／どれも電通の選考中の言葉です。今まで怖くて黙っていたけれど未来の就活生がこんな想いをしないように声をあげます〉

「厳しく指導」した結果がこれなのか。にわかには信じがたい、ゴロツキ企業のような面接風景である。これらの言葉が本当に役員らから発せられているとしたら、まつりさんの事件もはあちゅうさんの告発も、電通はまったく反省していないことになる。

「反省」どころか、より悪質なのは「高橋まつりさんが亡くなったことどう思う？」と、まるで他人事のように質問していることだ。どんな答えを期待していたのかは、質問したとされる者に聞かなければわからないが、採否のかかっている者にとって「電通は労働基準法違反を繰り返してはならないと思います」などとは答えにくい。まさか「私も（違法残業であっても）上司の命令に従います」などという答えを期待していたわけではあるまいが、この質問には何か〝踏み絵〟を踏ませるような狡猾さが漂う。

このツイートを見たまつりさんの母・幸美さんが町田さんに返信し、一月二五日の会見での指摘につながったようだ。

「今まで怖くて黙っていた」という町田さんだが、グループでなく単体の売上高一兆五六一五億円、売上総利益二二八四億七二〇〇万円（一七年）という日本の広告とメディア業界を事実上〝支配〟する大企業に物申すことは、かなり勇気の要ることだったに違いない。

株主総会で「セクハラ面接」の質問をした吉田さんは言う。

「報道では事実を否定していましたから、まさか事実を認め、謝罪までするとは思っていませんでした。また、中本副社長はさらに一歩踏み込んで『懲戒委員会を開催し、厳正な処分をするつもり』とまで答えています。今度こそきちんとやらなければ、電通の社会的な信用は失われてしまいます」

しかし、今回の電通の株主総会では吉田さんの懸念を〝裏書き〟するような耳を疑う発言も出た。

「今年は昨年の株主総会より質問者が少ない上に、大部分の質問者は電通のＯＢ社員であったようです。そうしたＯＢ社員の質問で、今年とくに目立った傾向が昨年一年間の激しい電通批判報道に対する不満や反発の表明でした」株主総会に出席したある株主はそう話す。

逆ギレした電通OB株主

電通は、一五年一二月の高橋まつりさん過労自殺のほか過去二度も過労死を出したことで、一六年の「ブラック企業大賞」を受賞。違法な時間外労働とパワーハラスメントが常態化しているとされ、〝身内〟である新聞・テレビなどからも強い批判を浴びた。その労働体質を容認し、むしろ奨励しているとされるのが電通マンの行動規範「鬼十則」だが、同社ではこの記述を一七年版の社員手帳から削除し「労働環境改革」を進めてきた。

一八年の株主総会でも「対処すべき課題」として真っ先に掲げているのが、この「労働環境改革」で、総会資料にはこう記されている。

〈最優先課題とし、「仕事のやり方・働き方」の抜本的な見直しに全力を挙げて取り組んでおります〉

〈企業としての社会的責任を果たせなかったことを深く反省し、法令遵守の徹底、過重労

働の撲滅、労働環境の改善に向けた抜本的な改革に取り組んでおります〉
一七年の株主総会では、株主から「『鬼十則』の廃止はやり過ぎ」という意見は出たものの、高橋まつりさん過労死事件への批判が冷めやらぬ時期であったため、反発のトーンは控え目だったという。
「ところが、今年の株主総会は裁判の判決（一七年一〇月六日、罰金五〇万円）も出て『喪は明けた』という認識なのか、かなり強い反発が見られました。反発というか、逆ギレの感情が噴出したようです」
前出の株主はそう言って、電通ＯＢと思われる株主たちの耳を疑うような発言の数々を紹介した。

凄まじいばかりの暴論

毎年発言する電通ＯＢの株主は質問本題に入る前に「昨年の電通批判はみな忘れてください」と大声を上げ、さらに「鬼十則を廃止した前の社長の、名前を忘れたがあんなのは（云々）」と、労働基準法違反容疑での責任を取って辞任した石井直前社長を気弱であると決めつける非難を浴びせた。

また、他の電通OB株主は「高橋まつりさんが死んだのは、過労死ではなく失恋が原因の失恋死だ。『週刊新潮』に書いてある」と言い放った。

この失恋原因説については一七年の株主総会でも取り上げられていた。「こういう悪質なデマが流れていることに、まさか、電通が関与していることはないですね」との質問に、役員が「一切関わっていない」と明確に否定していたのだ。しかし、これが蒸し返された。

さらに、この電通OBは続けて、「電通の株価が下がったのは、高橋まつりさんの母親がいつまでも『夜郎自大』なことを喋り続けるせいだ。母親が喋るたびに株価が下がるので、何か対応をしてほしい」などと、凄まじいばかりの暴論を展開したという。

夜郎自大とは、自分の力量を知らずに驕り高ぶって傲慢になるという意味だが、このOBは被害者を冒瀆するような自分の夜郎自大さに気づかないらしい。

「一般株主に公開される議事録に、この発言をどのように記述したらよいのか、心配になってしまうぐらいのひどさでした。古い精神文化を引きずる一部の人たちが改革の足を引っ張らないか心配です」

前出の株主からはそんな懸念の声も出た。

これらの発言は、同社が進める「労働環境改革」への不満であり、違法長時間労働やパワハラ、セクハラがあろうが、株価さえ上がればいいという底意があからさまだ。こうした心ない発言には、山本社長はじめ現経営陣も困惑顔で「改革を進めて二度と痛ましい事件が起きないよう、労働環境を整えることが対策である」などと述べ、遠回しに諭していたという。

なぜ天下り官僚が次々に

今回の株主総会では、先の「セクハラ面接」を質した株主の吉田太郎さん（仮名）が、元総務事務次官・桜井俊新執行役員の人事についても質問した。

長子がジャニーズ事務所に所属する人気グループ「嵐」のメンバーであることに注目の集まる桜井新執行役員だが、一六年六月まで事務次官を務めていた総務省はテレビ局の監督官庁であり、ジャニーズ事務所とテレビ局は切っても切れない関係にあることは周知の事実だ。旧郵政省に入省後、総務事務次官を務め、退官後の一七年六月に一般財団法人全国地域情報化推進協会の理事長に就任したばかりだったが、一八年一月一日付で電通の執行役員に就任した。

吉田さんはまず、この人事について「テレビ局の監督官庁トップを務め、芸能界最強の事務所のトップアイドルの親族という二つの立場を持つことから、メディアからすればこれほど恐ろしい人間はいない。そうした人物を雇うことで、メディアからの批判を抑える〝用心棒〟にしようという人事なのではないか」と指摘した上で、こう疑問を呈して批判した。

「桜井氏を入れると、高級官僚の天下りが役員中三人に増えるが、一般に高官の天下りはやましいところのある企業が官庁のお目こぼしに与る目的で行なわれると認識されている。これらのことから、〝電通コワイ伝説〟を復活させることで批判を抑え込む人事であり、すなわち社内改革の本気度を疑わせる役員人事になってしまっているのではないか」

ほかの天下り役員とは元労働事務次官の松原亘子取締役と元文部官僚の遠山敦子社外取締役である。

これに対し、山本敏博社長自らが回答し、桜井新執行役員の知見・経歴・能力の素晴らしさを強調するとともに、役員としての具体的な役割については「業務執行の指揮命令系統に不適切や不備や不合理があるかということのみならず、電通自身が次に向かって成長していけるような状況に本当になっているのか、なっていないとしたらどういう問題があるのか、どこを修正すべきなのか、広く見渡して執行をしてもらおうと、そういうところまで視野に入っている、そういう考え方でございます」などと述べた。

吉田さんは「まあ、そういう説明にならざるを得なかったんでしょうね」と言うが、これまでもたびたび批判されてきた電通と諸官庁との癒着が、この人事によってますます深まるのではないかという危惧の声もある。桜井新執行役員の出身である総務省は電波利用権を競売にかける「電波オークション」に反対の立場。つまり電波オークションに反対する在京キー局の〝味方〟なのであり、かつ、電波オークションをちらつかす自民党との関係で利用できる人材とも言える。

桜井新執行役員をはじめ三人もの外部〝天下り〟役員がいるなら、一七年春の「セクハラ面接」問題はもとより、東京五輪招致のために招致委員会がシンガポールの会社に二億二〇〇〇万円を振り込んだ〝五輪買収疑惑〟に子会社「電通スポーツアジア」(本社・シンガポール)の関与はあったのかなかったのか、東京五輪で指摘されている莫大な独占利権などが「不適切」ではないかどうか、「そういうところまで視野に」入れて「広く見渡して執行」してほしいものだ。

片岡伸行・『週刊金曜日』編集部

第3章
沖縄県知事選での暗躍

単体では世界最大の約一兆五七七一億円（二〇〇六年三月期）の年間売上高を誇るガリバー広告代理店・株式会社電通（本社東京、社長俣木盾夫、資本金五八九億六七一〇万円、社員約六〇〇〇人）。連結業績の売上高は二兆八一三億円と、業界二位の博報堂ＤＹグループの一兆八九五億円を大きく引き離す電通は、メディアはもとより政財界にも少なからず影響力をもつが、その深層が報道されることは、ほとんどない。なぜなら、広告収入に依存するマスコミにとって、電通は最大のタブーと言ってもよい存在だからである。その知られざる正体に迫る。

広告会社が誕生させた知事

二〇〇五年一月五日午前七時、沖縄県名護市。エメラルドグリーンに輝く辺野古沖の海に、米軍の海上基地建設に反対する住民たちが四隻の抗議船を送り出した。命を守る会代表の金城祐治は「海を守るため、昨年から漁民が阻止行動に参加し、大きな力になっている」と運動の手ごたえに自信をのぞかせた。

たしかに住民たちの行動は、環境破壊への国際的反対ともあいまって、基地建設を行き詰まらせてきた。〇四年一二月、米軍普天間飛行場移設計画をまとめた米軍側の責任者カート・キャンベル（元米国防総省次官補代理）が沖縄を訪問し、「（普天間移設に）合意した当時と今とでは情勢が大きく変化した。コストが大きすぎ、移設作業をしている間に事故が起きる可能性が高い」と計画破綻を率直に認めた。同じころ、参議院沖縄・北方問題特別委員会の一行も訪沖。会見で委員長の木俣佳丈（民主）が、「三〇〇〇億円もの巨費を投じることに大きな疑問がある」と言うと、自民党議員秋元司も「代替施設なき返還を」と同調し注目を集めた。

それでも海上基地建設は止まらない。理由の一つは、沖縄県知事・稲嶺恵一が米軍普天間飛行場（基地）の辺野古沖移設容認の姿勢を崩していないことにある。この、県のお墨付きで新たな米軍基地が進むという沖縄史上かつてない事態の陰には、電通の暗躍があった。

一九九八年一一月、基地の整理・縮小に尽力した「沖縄の顔」大田昌秀が、新人候補・稲嶺にまさかの大差で知事の座を奪われた。テレビが稲嶺当選を速報した直後、大田は那覇市内の選挙事務所で報道陣にもらした。

「やられましたね。県政不況（の宣伝）でうまい具合にやられた」

知事選告示の直前、沖縄県内の至る所に、「9・2％」と刷り込まれた黒地のポスターが貼られた。県内の失業率だが、掲示の主は隠されていた。「県政不況」というキャッチコピーもあふれた。「祖国復帰」後も米軍基地に圧迫されている沖縄では、保守県政でも革新県政でも本土の二倍近い失業率が続いている。まして当時は全国的な不況。それを大田県政の失策にすりかえるデマまがいの宣伝は、かなりの効果を発揮した。

告示後には電光表示板が登場する。車の横につけられた大きな画面に登場する人々は、それぞれの夢を語った。髪型を変えたい。結婚したい。「不景気をどうにかして」といった声もある。出演者が最後に「チェンジ！」と叫ぶと、画面には「ｃｈａｎｇｅ　11・15」という文字が浮かび「今が変える時」というナレーション。巧みな「反大田」キャンペーンだった。現場で取材したＴＢＳ系「ＮＥＷＳ23」キャスターの筑紫哲也は、こう報告している。

「沖縄の象徴的人物とされた現職相手に勝ち目はないとだれもが尻込みし、沖縄経済界が半ば本土政府へのアリバイ証明のために選挙二カ月前に〝犠打〟覚悟で擁立した人物が勝利をおさめた。この結果には、諸々の政治的要因が彼我双方にからんでいることはもちろんだが、広告宣伝技術の選挙への導入が見事な成果をおさめた例としても特筆さるべきだ

ろう」(『週刊金曜日』九八年一一月二〇日号)

大田が「やられた」広告宣伝技術を駆使したのが、大手広告代理店・株式会社電通だった。同社は知事選のために沖縄に社員を五〇人送り込み、選挙戦を主導したとされる。〇五年一月四日、稲嶺は年頭あいさつで「今年最大の課題は普天間(基地)の危険性除去だ」と強調した。稲嶺県政も動いている。それでも辺野古移転容認を変えられないところに、振興マネーと広告代理店によって誕生した知事の呪縛が見え隠れする。

権力に食い込む「人脈力」

「黒子」どころか、いまや日本の政治を裏で動かす「黒幕」にまで成長した広告代理店・株式会社電通のルーツは、一九〇一年(明治三四年)、光永星郎が設立した広告業の日本広告株式会社と通信社業の電報通信社にある。〇六年、両社は通信社と広告業を兼ねる日本電報通信社として株式会社化するが、報道統制を図る軍部と政府の意向で三六年、電通の通信社部門とライバル会社だった日本綜合通信社が統合し同盟通信社がつくられた。同盟通信社(七二年に株式会社共同通信を設立)は戦後、報道部門は共同通信社、商業通信部門は株式会社時事通信社に分割されるが、両通信社は今でも電通の大株主となっている。

戦前から国家、軍部との関係が強かった電通が広告業界のガリバーになったのは、「広告の鬼」を自認する吉田秀雄の功績が大きい。吉田は戦後間もない四七年に日本電報通信社の社長に就任し、占領軍の命令で戦犯として追放され不遇をかこっていた政財界人、満州鉄道（満鉄）職員、職を失った軍人を採用していく。当時、銀座にあった日本電報通信社は満州浪人でごった返し、「第二満鉄ビル」の異名をとったという。

吉田の読みは的中する。朝鮮戦争にいたる東西の緊張のなか、米占領軍がリベラルな政策を転換し、追放されていた戦犯を日本支配に利用し始めた。吉田がスカウトした大物たちは次々と日本支配層の一線に復帰し、同社は政界、官界、財界、そしてマスコミ界に大きなコネクションを築いていった。五五年、日本電報通信社は電通に社名を変更する。

武富士に幹部を派遣

電通のパワーは広告代理店としての「表の顔」にとどまらない。クライアントに都合の悪い報道をコントロールする「裏の顔」こそ、凄みの秘密だ。

「実は今度、武富士に行くんだ」

東京・門前仲町の居酒屋。鳥居達彦の一言に、フリーライター・岩本太郎は体がこわばった。鳥居は、長年電通の雑誌局にいた人物で、当時の役職は第三マーケティング・プロモーション局次長。岩本は、広告業界紙出身のライターだ。二〇〇三年四月上旬、岩本は旧知の鳥居に呼ばれて出向いたのだった。移籍を告げた後、鳥居は「会長からのトップダウンだった」と続けた。会長とは、電通の天皇といわれる成田豊（現・電通グループ会長、最高顧問）のことである。武井保雄・武富士会長（当時。ジャーナリストへの盗聴で有罪が確定し、服役中の〇六年八月死去）とは一緒にゴルフをする仲として知られる成田は、同年初め、武井に「宣伝・広報・人事総務のエキスパートをよこしてほしい」と依頼され、鳥居を含め三人を送ったという。

鳥居は電通に籍を置いたまま、四月から毎日、武富士で広報部の仕事を始める。当時、すでに『サンデー毎日』などが盗聴疑惑をスクープ。『週刊金曜日』や弁護士グループは武富士の業務の違法性を追及し、反発した武富士は『サンデー毎日』や『週刊金曜日』を名誉毀損で訴えていた（前者はその後取り下げ）。

鳥居は岩本にささやいた。「協力してくれ。ブレーンをつくっておきたいんだ」

直接取材こそしていなかったが、月刊誌『創』の記事などで〝武富士の闇〟を垣間見ていた岩本は、体に冷や汗が流れるのを感じながら断った。

武富士は、社を辞めた元法務課長の中川一博が多数の盗聴テープなどをもとに告発した盗聴などの疑惑をもみ消すために、優秀な人材を電通に求めたのだろう。事実、鳥居は〇三年五月、『週刊プレイボーイ』が武富士と警察との癒着を暴く記事（ジャーナリストの寺澤有が執筆）を掲載する直前、同誌副編集長に直談判し、発売後には同誌を発行する集英社の谷山尚義社長にも会っている。だが鳥居は、その年の七月に正式に移籍したものの、八月には「メディアと話をつける」という手法が「批判は力ずくで潰せ」という武井の考えと合わず、辞職を余儀なくされた。

実は、電通が「武富士報道潰し」に動いたのは今回だけではない。武富士は、バブル期の地上げをきっかけに闇社会と抜き差しならない関係にはまったとされる。特に京都駅前の地上げでは、同和団体や暴力団と激しい抗争が勃発した。中川元課長が「わが身を守るため」に違法業務を克明に記録していた日誌（いわゆる中川メモ）によれば、一九九三年一月、武富士本社で「京都案件対策会議」が開かれた。会議には武富士幹部、弁護士二人のほか、電通社員四人が参加。電通は「問題は新聞より週刊誌」とした上で「記者と会う必要はない。話せば話すほど貴社にとって不利になる」などとアドバイスしている。

これの意味するところは「新聞は無視すればいい」ではなく、「新聞にはすでに別の圧力をかけている」ということだ。武富士問題を取材してきたブロック紙記者はこう語る。

「紙面で武富士問題について継続的に記事を書いていたら、年間約一億円あった武富士の広告が打ち切られた。それからしばらくして、電通社員が『次はどんなことを書くんだ』と、うちの広告部員を通じて探りを入れてきた。大スポンサーのことは好き勝手に書かせないぞ、というプレッシャーを感じる」

戦争を支えるマディソン街

広告大国アメリカでは、第一次世界大戦のころから外交や戦争に広告が利用されてきた。九・一一テロ以降、広告の政治利用に拍車がかかっている。

「対外広報を担当する部門に人材を起用する」(パウエル前国務長官)。こうした発想で、世界的広告企業J・ウォルター・トンプソン・ワールドワイド社とオグルビー&メーザー社の会長兼CEO(最高経営責任者)を務めた経歴を持つシャーロット・ビアーズが、九・

一一テロの三週間後、国務省の広報担当次官に抜擢された。彼女は、ケンタッキー・フライドチキンからIBMまでのブランド構築に携わったキャリアを持つ。

カリフォルニア州立大学コミュニケーション学部のナンシー・スノー助教授は、著書『情報戦争』（邦訳、岩波書店）で「以前にマディソン街（広告会社が多く集まる地区）で重役を務めていたビアーズは、人生のなかで最も野心的なブランド展開の仕事を任された。それは、対イスラム世界にテロ戦争を『売る』ために、アメリカのイメージをパッケージし直すことであった」と説いている。対テロ戦争の大義名分を掲げて暴走するブッシュ政権を、マディソン街が支えている。

〇五年一月六日、自民党の仕事始めにPR会社・プラップジャパン（本社東京）の社員たちが姿を見せた。

自民党がPR会社とコンサルタント契約を結ぶのは初めてだ。発端は〇四年七月の参議院選挙。民主党への敗北に危機感を募らせた自民党は、「党改革検証・推進委員会」（安倍晋三委員長）が主催してPR会社を集め、同年九月コンペを開く。電通の関連会社・電通パブリックリレーションズも参加したが落ち、プラップが契約をとった。PR会社を使う意図を、安倍は「小選挙区制になって大きく変わったのは、政党のイメージが良くないと勝てなくなったことだ。民主党はイメージだけで勝負している。自民党は今までカンと経験で戦ってきたが、今後はプロの知恵を借りたい」(『読売新聞』〇五年一月七日)と話している。

候補者という「商品」だけでなく「自民党というブランド」も効果的に売り込みたいというわけだが、別の狙いを指摘する声もある。『読売』によれば、コンペの課題は、日本歯科医師会からの献金問題への対応、小泉首相の「人生いろいろ」発言へのコメントなどだった。中堅PR会社幹部が声を潜めて語る。

「危機管理ですよ、これは。民間企業でも年一〇〇〇万円からの仕事だから、政党なら一ケタ多い。プラップ社は危機管理で売上げを伸ばしてきましたが、国民を欺くような仕事に手を染めていいのでしょうか」

自民党とプラップ社の仕事始めの直後、女性国際戦犯法廷を取り上げたNHKの番組に安倍が圧力をかけ、改変させた疑惑が担当プロデューサーの内部告発で急浮上した。安倍は否定しているが、気に入らない報道は力で押さえつけ、都合のいいプロパガンダを広告会社の技法で流す……。自民党のPRがブッシュ政権の情報戦略と酷似してきたように見える。

揺らぐ「島国での一人勝ち」

とはいえ、自民党のコンペで関連会社が落ちたように、電通も盤石とはいえない。広告業界に詳しい㈱系コミュニケーションズ代表取締役の正木鞆彦氏が明かす。

「最近、自民党のある若手代議士が来て、自民党がなぜ嫌われるのか調査してくれと頼むんです。彼はどうも、商品を売るのと同じ手法で『自民党ブランド』を売るのは無理がある、と考えていました。世論を簡単に数値化したり操作したりできる、と考えているところに、電通の落とし穴があるんじゃないでしょうか」

企業活動のグローバル化が進むなか、島国日本の独自なルールと閉鎖市場での電通一人勝ちも揺らがざるを得ない。その象徴が、広告主が払う広告費の一五〜二〇%をがばっと取るコミッション制度から、人件費をはじめ広告の制作と出稿にかかった費用を積算して出すフィー制度への転換だ。今後ネット広告が主流になれば、テレビなど主要媒体への支配力にもとづく「一人勝ち」も足元から崩れかねない。電通は、大きな図体を抱えながら嵐を前にどう変わったらいいか困惑する、かつての大手都市銀行のようにも見えてくる。

私たちは次章から、電通のさまざまな姿を徹底した現場取材にもとづいて解剖していく。

第4章
広告業界制覇のカラクリ

「電通はざっくり言って、クライアントを三つにわける〝ビジネスモデル〟を採っているんですよ」と、株式会社・電通のある社員は語った。

クライアントは差別しろ

まずは業界ナンバーワンで、長くおつき合いしてきた広告主企業である。年間約八〇〇億円から一〇〇〇億円の広告宣伝費を使い続けているトヨタ自動車や、これに続く松下電器産業、本田技研工業、花王、ＫＤＤＩなどである。電通にとって売上げが毎年一〇〇億円を超える、これらの得意先企業のためには、エース級の社員でチームを作り、全社を挙げて取り組む。このレベルの広告主を落とせば担当のクビが飛ぶとさえいわれる。

次のランクは、大塚製薬や明治乳業、三共、キリンビールなど中堅どころの企業で、このランクがもっとも層が厚い〝ボリュームゾーン〟である。落としても代替社を取れば、問題なしという扱いである。新人・中堅の社員の練習台ともいわれるが、電通とのつながりはそれぞれ深い。ルルやＨ２ブロッカーのＣＭで知られる三共などは、経営不振の時代に電通が三共製薬の土地を購入することで支えたと、報道されている。無論、広告は電通一手扱いになっている。

そして、最後のランクはいつ関係が途切れるかわからない、中にはスキャンダルすら取り沙汰されている会社である。だが、電通は躊躇することなく広告宣伝を引き受ける。電通の粗利を支えるのに不可欠なクライアントだからだ。社員はメインの企業のほかにサブ的な扱いでこれらの企業を担当したりする。サラ金大手武富士やジー・オーグループなどである。

たとえば業務請負業で業績を伸ばした日本最大の人材サービス会社クリスタル。同社は二〇〇三年『週刊東洋経済』に「偽装請負」をしているなどとスクープ記事を書かれた。これを受け、ソニー、キヤノンなど、ライン作業でクリスタル関連会社の社員を使っていた企業数十社が軒並み契約解除。クリスタルグループは同誌を発行する東洋経済新報社に対して同年秋、一〇億円もの損害賠償請求訴訟を提起した（〇六年四月の第一審では東洋経済新報社に三〇〇〇万円の損害賠償と取消広告掲載の命令が出た）。

「〇三年、クリスタル側から電通に広告宣伝を依頼してきた。棚からぼた餅なので、もちろん引き受けることになった。だが、さすがクリスタル。自社の派遣社員を電通に受け入れさせることを条件に、広告宣伝を依頼するというバーターをもちかけたそうだ」（電通

社員）

このような企業が電通に寄ってくるのは、電通のメディアに対する影響力を期待してのことが多い。いかに同社がメディアに影響力を持っているかは、後の章で詳述していく。

消費者対策に裏ワザ

企業にとって、メディア以上に怖いのはやはり消費者であろう。広告主のためにそのような消費者を懐柔するのも昔から電通の仕事である。

一九七九年一〇月、琵琶湖を擁する滋賀県で、合成洗剤追放条例が可決された。ちなみに滋賀県といえば、滋賀県出身という理由からジャーナリストの田原総一朗が、唯一テレビＣＭ（九六年）に出演したのが、電通関西制作の滋賀県広報ＣＭである。

さて、この条例に過敏に反応したのが、業界団体である日本石鹸洗剤工業会。条例が決まる前に電通に反対キャンペーンを依頼した。そのメインは新聞や雑誌、にわか作りの単行本に「合成洗剤反対には科学的根拠がない」という記事を載せることだった。

さらに日本石鹸洗剤工業会は追放条例が全国に波及するのを恐れ、全国各地の消費者たちの動向を知りたがった。当時を知るジャーナリストは「電通は全国の合成洗剤反対運動の集会やミニコミの記事などを集め、反対運動の情報を取材させていた」と話す。市民団体の集会に、業者や代理店の人間、もしくは両者から依頼を受けた人間が潜り込むことは珍しいことではないという。

電通に限らず、業界二位の大手広告代理店・博報堂（現・博報堂DYメディアパートナーズ）なども消費者運動団体を調べることがある。

「原子力発電所を抱えるある電力会社は自分で興信所を使えばいいものを、広告代理店（博報堂）にカネを支払って反原発運動団体を調べさせた。原発側は調査した記録が証拠として残るのがいやなんじゃないですか」（大手代理店社員）

七〇年代半ば、新宿西口の高層ビル街で『新都心ニュース』というタブロイド判の新聞がビル会社の連合体によって配布されていた。この新聞は、高層ビル建設による地域住民に対する日照権、風害、電波障害問題を踏まえての融和策のために作られていた。『ニュース』取材班に対し、制作を代行していた電通と電通PRセンター（現・電通パブリックリレーションズ＝電通PR）は「できるだけ地域住民を紙面に登場させるように」と注文をつけていたという。登場した住民に謝礼を支払うためだ。

「住民懐柔策の一つですよ」と当時を知る人物は語る。

つまり、直接カネを渡さずに徐々に懐柔していくというわけだ。

電通はこんな調査も引き受ける。七六年一二月の総選挙は三木武夫首相（当時）が衆議院の解散権を行使できず、任期満了の選挙だった。選挙の半年近く前、電通と電通ＰＲセンターから全トヨタ自動車労連についての調査が、ある編集プロダクションに舞い込んだ。当時、全トヨタ労連は民社党（当時）をバックアップしていた。その労連が推しているのは、渡辺武三議員（当時、元・全トヨタ労連委員長、民社党）。一方のトヨタ自動車本体が推しているのは、自民党所属議員だった。

依頼の内容は「前回の選挙で渡辺議員の票が予想ほど伸びず、おかしい。労組の動きを調べてくれ」というものだった。つまり全トヨタ労連傘下の組合の動向を調査してくれというわけだ。

そこで、その編集プロダクションのA氏は「××行政調査会」という架空の名刺を作り、それ専用の電話を引き、愛知県の豊田市、知立市、刈谷市、安城市等に出かけ、トヨタの下請け企業の労組を取材した。「東京から来たんですから、お願いします」と仕事中の委員長や書記長に面談し、「大企業の労組と政治活動を調査している。固有名詞は出しませんから」と口説いて、それとなく渡辺議員への票の出方を聞き出して回った。

その結果、下請け企業の労組は専従職員もおらず、上部のトヨタ労組の命令を守って行動していることがわかった。選挙の時は、上部組織から言われた通りの名前を書いていた。そして、全トヨタ労連のある幹部が、あるまとまった票を、対立候補である自民党議員に流す密約をしていたのである。依頼した電通も労連もそのような回答が出るとは、想像だにしていなかった。電通は、その後、この種の政治調査も引き受けることになった。

博報堂引き離し

バブル時代からジー・オーグループのようなマルチまがいの商法や武富士のようなサラ金など幅広く広告主を飲み込み、メディアの表舞台に上げてきた電通。「平成不況」になればなったで、電通には、それが追い風になるようだ。

「今の時代、下手な冒険はできない。電通は日本最大の広告代理店という理由で依頼が来る。企業の宣伝部からすれば、電通に頼んで失敗したのだから、他社に頼んでも失敗したはずというネガティブな言い訳が通用する。広告主が保守化しているのです。また、主要

な媒体に絡むには電通に頼むしかない」（代理店社員）

だが、電通の一強支配がますます強まるなかで、業界二位の老舗・博報堂が〇三年、大広、読売広告社と経営統合し博報堂ＤＹグループとして電通の売上げに迫っている。〇五年には東証で一部上場を果たした。また、旭通信社も、第一企画と合併してアサツー・ディ・ケイ（ＡＤＫ）となり、業界三位の規模になった。

「電通は広告主よりメディアを大切にする会社であり、博報堂はメディアより広告主企業を大切にする会社といわれてきた。だが、博報堂は業界トップを目指すためには、メディアバイイング（媒体の購入＝ＣＭ放送枠の購入）を強化する必要があると考え、新聞社系広告会社を引き込んだ」（大手代理店社員）

博報堂と提携した大広は朝日新聞社の資本が入る広告会社であり、一方の読売広告社はその名の通り読売新聞系なのである。

だが、博報堂ＤＹとなって電通打倒宣言を出したことが、電通の戦闘的なＤＮＡを甦らせてしまった。

「打倒宣言以来、電通が意図的に博報堂潰しにかかっている。コンペでも博報堂と競合するものは絶対落とさないように狙っているのは明らかです」（中堅代理店社員）

そのような状況下で〇三年、広告業界の栄枯盛衰を象徴するような出来事があった。ホンダ、日本マクドナルドという広告主が、博報堂、ＡＤＫなど複数社の扱いから、事実上電通（および関連会社）の一手扱いになったのである。

また翌年八月には広告宣伝費を年間約二三〇億円費やす、コンビニエンス・ストア最大手セブン‐イレブン・ジャパンが、業界四位の東急エージェンシーから電通扱いに移った。

東急エージェンシーといえば、石原慎太郎都知事や中曽根康弘元首相と経営者が親しいことから「広告業界の政治銘柄」ともいわれる広告代理店である。〇四年の六月、東京商工会議所役員選挙をめぐる社員の裏金作りなど不正が発覚。同時期には、サイドビジネスで恨みを買った社員の殺人事件も報道されるなど、相次ぐスキャンダルに見舞われていた。

その事件後だけに業界にはさまざまな憶測が飛び交ったが、電通関係者は「以前から、扱いが移ることは決まっていた。事件は関係ない」と話す。

「セブン‐イレブンは一九七四年、東京に一号店をオープンしたが、当時、電通や博報堂は素性不明の米国小売業の広告なんか引き受けられるかと取引しなかった。そのような状況で引き受けたのが東急エージェンシーだけだったという。しかし大きく育って、電通に持っていかれた。東急エージェンシーでセブン‐イレブン担当だった社員も電通に引き抜

かれたらしい」（大手広告代理店社員）

実際は、東急エージェンシーからの退職は、沈没寸前の難破船から逃げ出すネズミだという声も聞こえてくるが、

「広告主からの指名で競合プレゼンテーションを行なうことが増えた。電通、博報堂、ＡＤＫなど大手に、外資系や中小広告会社が二、三社入るという形が多い。電通といえども、常に勝てるわけではない。プレゼンに負けると、勝った会社のチームのメンバーを引き抜くという。理由は、『うちに勝ったぐらいだから優秀だ』という短絡的なものらしい」（外資系広告会社）との声も聞く。

一業種一社制へのやましさ

広告の本場・米国など欧米では一業種一社制が基本である。たとえば、トヨタがある広告代理店と契約すれば、日産やホンダは別の広告代理店と取引するのが常識なのである。企業ブランドを構築しようと思うと、長期的な視野と戦略が必要になる。そのため、一業種一社制で秘密を共にするパートナー関係をつくるのだ。だが、日本の広告業界ではガリ

バー体質の電通をはじめ、「一業種複数社制」を採っている。とはいえ、一業種一社制を意識してか、別の階の営業局にわけたり、関連会社に振ったりして同業他社のクライアントを扱う工夫を電通はしているが、元社員はこう話す。

「クライアントが一緒にならないように営業局をわけるのは、やはりどこかやましい気持ちを広告主に持っているからです。みえみえの言い訳で、営業という入り口を別にしていますが、社内に入ってしまえばツーカーです。営業社員は何人もいるけど、制作レベルになると、同じ机でこっちは日立、むこうは松下なんて感じで協力して作業していましたから。クライアント自体も結局ゆるいですし。松下の蛍光灯を電通の松下担当者が使うわけでもないのに」

広告が一社の一手扱いになるということは、他の広告代理店関係者にとってあまりに厳しい。ホンダを電通にとられた博報堂ではホンダチームが解体し、社内にちりぢりになった。三菱自動車の仕事を打ち切られたＡＤＫの下請けをしていたＣＭ制作会社社長は、首吊り自殺をしたという。

第5章
テレビを支配するメディアの地主

二〇〇三年秋、日本テレビの中堅プロデューサーが、視聴率買収事件を引き起こした。プロデューサーは、興信所を使ってビデオリサーチの視聴率調査対象世帯を探し出し、指定した番組を視聴するよう依頼、視聴率が高く出るように工夫したという。「視聴率さえ上げれば、優秀なプロデューサーだと認められる」「一四・九％と一五・一％では大違いなんです」と、彼は告白している。

この視聴率買収事件のあと、全民放テレビ・ラジオが加盟する日本民間放送連盟（民放連）は、「視聴率のあり方に関する調査研究会」をつくり、見直し作業を行なった。そこから導き出された提言の一つに、〈ビデオリサーチの監査充実〉という項目があった。

これについて大手企業の広告宣伝担当者は「曖昧な表現だが、私は、ＣＭ取引が取引データを含め、電通の手の平の上で行なわれていることに対して、不信感を表明したものだと見ている。視聴率買収問題にしても、つきつめていけば〝電通問題〟に行きつくと思う」と言う。

スポットCMで稼ぐ

視聴率買収事件がなぜ電通問題につながるのだろうか。謎を解くカギは日本唯一の視聴率調査会社である㈱ビデオリサーチにある。両者の関係を明らかにする前に、視聴率の基本を見ておこう。

民放テレビは約二兆円の広告市場である。この市場は民放、スポンサー（広告主）、仲介役である広告代理店という三角関係で形成されている。

その中で、スポットCMの放送枠を売買する時に、放送枠の価値を計る取引データとして使用されるのが世帯視聴率だ。スポットCMとは、番組提供をしない広告主のCMのことをいう。ちなみに番組を提供する広告主のCMは「タイム」という。

スポットCMは基本的に一五秒を一枠とし、視聴率の高い時間帯と低い時間帯の放送枠をセットにして売買される。〇三年、在京キー局で年間約一一一万本流されたスポットCMの総売上高は約四二五〇億円。トップのフジテレビ（CX）で約一二四〇億円だ。

スポットCMの取引方法は、GRP（グロス・レイティング・ポイント＝延べ視聴率）方式になっている。延べ視聴率とは、一つのセットに組まれたスポットCMの放送枠（放送本数）、個々の視聴率（取引時点の前四週間の平均世帯視聴率）を、すべて足し上げた視聴率のことである。

たとえば広告主企業の宣伝広告担当者が電通などの広告代理店に対し、「二〇〇〇万円で一〇〇〇ＧＲＰ」と注文を出す。これは延べ視聴率一〇〇〇％に達する放送枠（放送本数）を、二〇〇〇万円で購入したいという注文だ。代理店は、これをテレビ局に取り次ぐ。テレビ局は、セットに組む放送枠が、すべて世帯視聴率二〇％であれば、五〇枠（五〇本＝七五〇秒）用意する。当然視聴率の高いゴールデンタイム（一九時〜二二時）や、土日などにＣＭ枠を押さえている代理店が有利になってくるわけだ。

一方で、民放連では、ＣＭの放送量について、「総放送時間の一八％を上限とする」という自主規制を設けている。枠が決まっている以上、増収するためには視聴率を上げなければならなくなる。だから、各局の視聴率競争は過熱するのである。

実際の取引はもっと複雑だが、簡単に言えば視聴率に応じてスポットＣＭは高く売れ、それに応じて代理店の手数料も増える。世帯視聴率が、民放テレビと広告代理店の業績を左右する、決定的な数字なのだ。

このような重要な意味を持つ世帯視聴率の調査を、電通の関連会社であるビデオリサーチが一手に引き受けている。電通は同社の株式の三四%を持つ大株主であり、現在視聴率調査会社のライバルは日本には存在しない。すべての代理店は、この電通の子会社が調査した取引データ（世帯視聴率）を使っているのだ。

ニールセン潰し

かつては、テレビの視聴率調査をする会社はビデオリサーチのほかに米国から来たニールセンという会社があった。そもそも機械による日本のテレビ視聴率調査は、一九六一年にニールセンが始めているのである。しかし機械の文字表記がローマ字だったためいまひとつ普及しなかった。そこで、六二年に電通と民放一八社で独自の調査会社ビデオリサーチが設立された。

テレビ視聴率の調査は八〇年代になると、ビデオリサーチの寡占状態となり、ニールセンの数字は各民放で「参考」という扱いになった。データ購入料金もビデオリサーチが一〇〇円なら、ニールセンは二〇円という具合に差別された。

しかし九〇年代に入ると、資生堂などの広告主から、従来の世帯視聴率のほかに、新しいモノサシとして個人視聴率が欲しいという声が上がった。個人視聴率とは、世帯を男女と年齢別にわけて数字を出すデータだ。欧米ではすでに個人視聴率調査は定着しており、ニールセンがピープルメーターという押しボタン方式の機械で、欧米を席巻していた。アジアでは香港が導入しており、個人視聴率は世界の潮流だった。

日本では刺身のツマ扱いだったニールセンはチャンス到来と、そのピープルメーターを日本に導入して個人視聴率の調査を行なうと言い出した。

ところが電通と民放はその導入に消極的だった。電通は広告主の要請にいち早く対応するのが常なのに、ピープルメーターは欠陥がある、押しボタン方式は個人認識が不完全だし、押し忘れもあるのでダメだと反対した。またテレビ局側も、個人視聴率調査が行なわれると、番組制作が世帯向けから個人向けに偏り、家族団欒の番組が作れなくなる、として消極的だった。つまり、番組のほとんどが若者向けのトレンディドラマやバラエティとなり、高齢者が見る時代劇などは消滅するなどとして食指を動かさなかったのである。

結局、個人視聴率は導入されたが、ニールセンの業績は振るわず、同社は二〇〇〇年三月、日本の視聴率調査から撤退し、ビデオリサーチの天下となった。

「結果としてそうなったのだが、外部から見れば、ニールセン潰しと言われても仕方がない。いま、視聴率調査会社が一社となったことで、先の日本テレビのような不正も起きやすくなっている。そういう意味でも、ニールセン事件はダブルトラックの重要さを教えていて、もう一社調査会社をつくることが求められている」（民放営業元幹部）

視聴率論争はタブー

そもそも、視聴率は信じられる数字なのだろうか。

「ビデオリサーチ社の関東、関西地区でそれぞれ調査世帯数六〇〇では、視聴率一〇％の時にプラスマイナス二・四％、二〇％の時にプラスマイナス三・三％の誤差が出ます。これはちょっと大きすぎるでしょう。われわれが視聴率に期待する誤差は一％ぐらいが妥当なところではないでしょうか。そうすると、調査世帯は少なくとも三〇〇〇から五〇〇〇世帯は必要になります。一万世帯まで増やせばほぼ完璧です。現在ではかなりおおざっぱな数字と見るのが無難です」と笹山茂・熊本学園大学経済学部教授は語る。

一方で、行きすぎた視聴率競争が番組の質の低下まで招いていると指摘するテレビ関係者の動きもあった。九六年に発足した「テレビについて話す会」（以下、「話す会」）である。

「話す会」は小中陽太郎、ばばこういちといったジャーナリストから、愛川欽也、阿川佐和子といったタレントまで総勢一七二人が名前を連ねた団体である。事務局長を務めた横尾和博に話を聞いた。

「テレビ朝日で愛川さんが『キンキンのとことん好奇心』という昼の帯番組をやったときに、視聴率に一喜一憂していたスタッフを見て、視聴率について調べてみようと思ったのがきっかけです。視聴率さえとれればいいということで、テレビ番組の質が低下していた問題が話題の中心でした。ばばさんや小中さんなどが愛川さんの考えに賛同して会を発足しました。すると、あっというまに文化人、タレント、番組制作者を問わず、賛同者が増えていったんです」

その矢先に、TBS「三時にあいましょう」のオウム真理教（現・宗教団体アーレフ）未放送ビデオ視聴問題が噴出した。テレビへの批判が高まり、「話す会」も大きく取り上げられ、国会でも参議院の逓信委員会で愛川が参考人招致されることになった。

「テレビの現状を語ってほしいと参考人招致されたはずだったんですが、前日になって、延期が決定（のちに中止）。その、あまりにも不自然な動きに抗議の会見をしました。一カ月後には『朝日新聞』にも会のアピール広告を載せて、会の運動は当初の目的は達した

として、いったん終了ということになりました」（横尾）

しかし、実際は消滅させられた、といった面が色濃い。あるメディア研究家がこう語る。

「いざ、参考人招致となったら、関係者が過剰反応したんです。永田町を中心に『愛川は政界進出を狙っている』という情報がさかんに流され、同時に『参考人招致を政界進出の道具に使うのはどうか』との声が与党サイドから流されてきました。テレビ局でも、たとえば参考人招致の前日の民放連の番組向上委員会で日本テレビの萩原敏雄編成局長は『一タレントの意見を聞くのはどうか』と発言したほどです」

ちなみにこの萩原編成局長はその後、日本テレビ社長に出世したものの、現在は視聴率買収操作問題で副社長に降格していた。

「萩原さんは視聴率の話しかしない人物で有名。自社の視聴率操作事件のあとでも、視聴率至上主義についてなんら悪びれることなく力説していた」（大手広告代理店社員）

さらに、露骨な報復だろうか。「話す会」の運動の終了と同時に愛川をテレビで見かけることが少なくなった。

「それまでは各局からひっきりなしに仕事のあった愛川氏ですが、特に日本テレビからはお声がかからなくなったんじゃないか」（前出メディア研究家）。「話す会」の運動自体は消滅したが、現在は個人個人の運動として視聴率に疑問をなげかけている。たとえば「話す会」に参加した放送ジャーナリストのばばこういちはその後、「視聴質」というものを提案している。

スポットCMの極大化へ

スポットCMで儲ける手法が注目されたのは、一九七〇年代末。テレビ営業に詳しい電通元社員は次のように話す。

「そもそも電通内でスポット部長は閑職でしたが、当時、新しくスポット部長になったZがやり手だった。CMの量を極大化するためにはスポットが効率的だと民放の編成部長を説き伏せて増やしていったんです」

その結果、前年比約一一〇%増の勢いで電通のスポットCMの手数料収入は増えたという。だが、テレビ局長にまで昇進したZは視聴率至上主義のスポットCMのためにテレビが荒れることを懸念し、「電通は利益を還元して良質の冠特別番組をつくれ」などと社内で〝苦言〟を呈してしまった。

「あまりにも莫大な利益の前には、彼の考えは書生論だったんです。テレビ局長まで行ったというのに、彼は定年後、天下り先の子会社も用意されずに退職していきました」（前出元社員）

このスポットCMは、利益だけでなく電通によるテレビ支配にはうってつけの武器として力を発揮することになる。そもそもテレビ局は、慢性的に売れないCM枠を抱えており、ダンピング（値引き）してどうにか売りさばいている。スポット枠が多くなればなるほど、広告主を多く抱えスポットCMを安定供給できる電通の力に頼らざるを得なくなる。

「テレビ局は、継続的に電通をひきつけておかなければならないんですよ。スポット発注が混んでいる時は電通に頼まなくてもいい。だからといって、生意気にしていると一月や八月など空いている時に、いやがらせを受けてしまいます」（前出元社員）

かつて、新潟のある民放が電通の視聴率調査に協力しなかったことがある。そのとき電通のテレビ局担当社員（局担）が、スポットCMを一〇〇〇万円近くも引き上げて別の局に持っていってしまった。いやがらせである。テレビ局の営業は真っ青になっていたという。

「民放が逆らわないように、局担は民放営業の前で、電通に逆らって痛い目に遭ったいろんなテレビ局の話をしたりする。そうやって局を教育しているんですよ」（前出元社員）

そのため、「スポンサーが降りたりして空きができると、テレビ局はまずは電通用にスポット枠をとっておくんです。ほかの代理店は申し込んでから一週間も待たされたりする」。テレビ局にとっては、電通が最優先なのである。この力関係を象徴するように、スポット買いは電通では若い局担だが、ほかの代理店では中堅が担当している。電通の若い局担が、視聴率の低い局の営業部員を会社に呼びつけてどやしつけるなどの場面も見られるという。

抱き合わせ商法と一業種一社制

スポットCM枠が、「セット販売」されていることについては、独占禁止法上の疑義もある。「セット販売というのは、いわば視聴率が低くて売れ残るようなスポットCM枠を、引き合いの強いスポットCM枠と一緒に売ってしまうというもの。いわゆる優越的な立場を利用した、一種の抱き合わせ販売みたいなものだ。これで一番得をしているのは、スポット取引でもっとも大きなシェアを持つ電通だろう」（元代理店社員）

約三〇〇社の大手広告主企業が加入する㈳日本広告主協会が、〇四年九月末に『スポットCMってなんだ？　広告主から見たスポットCM取引の現状と課題』という冊子をまとめた。その中でも、こんな辛辣な評価がなされている。

「(スポット売買は)言ってみれば『一見さんお断り』の市場であり、かなりの目利きができなければ、不利な売買を強いられるということになってしまう。このことから考えると、まるで『魚河岸』的な市場であると言える。(〝メディアの「総合商社」〟電通本社が築地にあったのは偶然の一致だろうか?)」

海外では、メディアバイイングは、専門の会社が行なうようになってきた。そして広告会社の仕事は、依頼(広告主)企業のブランド戦略、販売促進計画、メディアプランニング(各種の媒体を組み合わせた広告宣伝計画)等に参画し、運命共同体として成長していくことだとされる。そこから〝一業種一社〟という広告業界の倫理が、確立されてきた。

ところが前述したように、電通は、これに否定的である。たとえばトヨタも扱えば、ホンダも扱う。三菱自動車からスズキまで手を伸ばす〝一業種複数社制〟だ。その上でメディアバイイングに軸足を置いている。メディアバイイングに直結する視聴率は、電通にとってこそ無視できない数字なのである。

一方、広告主などから、「一五%から二〇%という電通の仲介手数料(コミッション)は、あまりにも高すぎる。欧米の媒体購入会社は、五%前後だ」という不満も出てきている。前述の『スポットＣＭってなんだ？』にも、次のように書かれている。「このコミッション制が前提にある限り、利益率の高い商品であるスポットＣＭを出来るだけ多く受注することが、（広告）代理店ミッションになってしまい、結果的には自分たちよりも年収の多い広告代理店担当者の給料（の源泉）を支払いつづけることになる」

ちなみに電通社員の平均給与（年収）は、四〇歳で一三〇〇万円を超える。広告業界でもダントツである。

視聴率買収の事件には続きがある。事件は当時、電通社内でも話題にのぼった。ある電通の社員は言う。

「実はあの時期はちょうど四年に一度の社内のテレビ局長人事の時期だったんです。新しい局長には日本テレビの局担が内定していたといわれています。彼は日テレ幹部と直接交渉できるやり手だったそうです。だが、絶妙なタイミングで例の視聴率スキャンダルが起き、ＴＢＳの局担が局長になった」

別の電通社員が話す。「高給取りの電通マンは転職など考えないから、外を向く必要がない。中でいかに生き抜くかを考える。それだけが闘いですから」

成田豊と田原総一朗

二〇〇四年八月二〇日、テレビの申し子とも称される田原総一朗の妻・節子の通夜が東京都・築地本願寺で営まれた。

田原は、「朝まで生テレビ！」「サンデープロジェクト」（以下、サンプロ、ともにテレビ朝日系）で、大物政治家を出演させ、辛口でズバズバ切り込むことで人気を博すジャーナリストである。

その日の通夜も、「サンプロ」出演者勢揃いといった景色で、小泉純一郎首相をはじめとする政財界有名人がかけつける盛大な式であった。だが、かけつけた参列者の一人は違和感を覚えた。

「葬儀委員長が電通の成田豊だったんですよ」

成田豊とは、〇二年まで電通の代表取締役会長を務め、現在は電通グループの会長であり、電通の最高顧問を務める人物。一九九三年から社長・会長を歴任し、電通の株式上場、新社屋建設など、二〇世紀における電通社内の一大事業を成し遂げた〝成田天皇〟ともいわれる実力者である。成田は取締役会長を引退後、会長席は空席のままにし、自ら最高顧問の座に納まっている。

「葬式から五輪まで」と、イベントと名のつくものなら、片っ端から手がける電通が、有名人の結婚式や葬式を仕切ることは珍しくはない。クライアントである大手企業関係者の葬式を仕切るのは営業活動の一環とも言え、「最近も資生堂の幹部の葬式を手がけていた」(代理店関係者)という。現在の電通本社は東京の汐留にあるが、かつては築地にあったことから、「築地本願寺で大物の葬式が多いのは、電通本社が近いから」と冗談で言う関係者もいるほどだ。

まさか、田原の葬式も電通が仕切っていたのか。この件について田原はこう答える。

「成田さんには僕が頼んだ。なぜかというと、顔が広いから。まさか政治家に頼むわけにはいかないし、いろいろな人が来た時に、彼ならみんな知っているだろうし、あいさつができる人がいいと思って頼んだ。ただし電通で来たのは成田さんだけ。具体的に仕切ったのはテレビ朝日のスタッフだった」

田原といえば知られざるガリバー、電通に関する代表的なルポルタージュ、『電通』(朝日新聞社)を一九八一年に出版。マスコミ最大のタブー、電通の実態に迫った数少ない人物である。それが現在では、愛妻家ぶりで知られた自身の連れ合いの葬式で、葬儀委員長を電通の前会長が務めるほどの親密ぶりを見せているのであった。

久米宏の奇妙な挨拶

田原と同じテレビ朝日系で、いまや伝説となった報道番組「ニュースステーション」の看板キャスター、久米宏は、〇四年三月二六日、最後の放送で次のように謝意を述べていた。

「『ニュースステーション』、まもなく終了するんですが、大勢の方にお礼を申し上げなければいけません。まず、この場を提供して下さったテレビ朝日、それから代理店の電通、さらには莫大な資金を提供して下さった関係スポンサーの皆様。

民間放送は、原則としてスポンサーがないと、番組が成立しないんです。そういう意味じゃ民間放送っていうのは、かなり脆弱で、弱くて、危険なものなんですけど、僕、この民間放送は大好きというか、愛していると言ってもいいんです。なぜかというと日本の民間放送は、戦後すべて生まれました。日本の民間放送、民放は、戦争を知りません。国民を戦争に向かってミスリードしたという過去は、民間放送にはありません。これからも、そういうことがないことを、祈っております」

久米キャスターは、民放界で〝神様〟と呼ばれているスポンサーより先に、あえて「電通」を名指しし、謝意を述べたのだ。

「あれにはちょっと驚いた。本来、黒子である電通の名前をテレビで出す場面は初めて見た」（電通ＯＢ）

電通は、一般視聴者には馴染みが薄いが、民放テレビ関係者にとっては〝神様〟以上の存在であることが、「久米発言」で浮き彫りになった。

なぜなら民放の経営は、大半をスポンサー企業からの広告（テレビＣＭ）収入に頼っているが、電通をはじめとした広告代理店が、そのスポンサー獲得の仕事を代行しているからだ。代理店はスポンサーの広告費から一五〜二〇％の手数料を得る。年々、手数料のマージンは落ちているものの、もっとも高い代理店は電通である。広告主の間からは、「電通のマージンは高すぎる。トヨタなどの大口だとダンピングしていると聞くし……」という声も出ている。

姿は見えにくいが、各民放テレビ局にも営業部門がある。経済的にテレビ局を支えている業務であり、営業担当者はそれを誇りにしている。

具体的には、大手テレビ局には電通や博報堂の窓口となる社員たちがいて、それに呼応するように広告会社にも各テレビ局担当の社員たちがいる。基本的に在京キー五局にそれぞれ担当がつき、それ以外のテレビ局はまとめて面倒を見る。両者は円滑にことが運ぶよう、頻繁に酒を飲んだりしながら交流し、さながら一つの運命共同体を作りあげる。その関係は、「体育会のようなサークルとでも言ったらいいでしょうか」（電通社員）

話を戻すが、「ニューステーション」もスポンサー（広告主）の獲得は、全面的に電通が行なっていた。「ニューステーション」スタート時の電通のラジオ・テレビ局長だった小野岩男は、こう話している。

「スタート当初でもまともにやれば六億円ぐらいの売り物。レギュラー番組で六億円っていうのは史上最大ですよね。そこまでやった以上はやっぱり電通も責任を持たなきゃいかん」（『放送批評』八八年六月号）

スポンサーがつかなければ、代理店が自腹を切ることになる。よほど体力のある代理店でないと、リスクの高いテレビ枠の買い切りはできない。

テレビ朝日系列の朝日放送（ＡＢＣ）の営業関係者も、次のように述懐する。

「一部ＡＢＣローカルで販売できる提供枠がありましたが、それでも週一回三〇秒のＣＭを入れるだけで、月一〇〇〇万円でした。電通でなければ、とても手がけられない規模の番組でした」

電通は、「ニュースステーション」を、営業力だけで支えたわけではない。番組枠まで買い切ってしまえば、売れる番組にするために番組の内容まで左右する力を持つのは当然だ。

「電通も異例ともいえるテコ入れを行なっている。電通ラ・テ局（ラジオ・テレビ局）のテレビ業務推進部は企画開発段階から特別スタッフを投入。視聴者のニーズや動向の分析からCMのはさみ方による視聴率シミュレーションまで実施、その結果に沿って基本構想がまとめられていった」（ジャーナリスト・坂本衛『久米宏』論）

電通が、スポンサーを手当てし、視聴者の分析を行ない、基本構想までつくっていたというのだ。

「ニュースステーション」一つとってみても、電通の民放に対する食い込み方が、並外れて深いものであることがわかる。当時同番組の担当だった電通社員の梅垣哲郎は後に、その手腕を請われて一九八六年にテレ朝の副社長に就任している。

さらに民放テレビの収益構造を見れば、実質的に電通の支配下にあると言っていいほどだ。マスコミ専門記者は、次のように話す。

「電通の広告扱い高が、どのキー局を見ても、総売上高の四〇％近くを占めている。公正取引委員会も注視しています」

そこで実際に電通の占有率を調べてみた。もっとも多いのがＴＢＳで三八・五％、次いでテレビ朝日の三七・六％。もっとも少ないフジテレビでも二六・二％だ。

これは連結ベースの総売上高を分母としたものだから、各キー局単体の売上高に占める割合は、もっと大きな数字となる。単純に計算すれば、ＴＢＳ、日本テレビ、テレビ朝日は四〇％を上回り、フジテレビでも三三・四％にもなる。

一方、総売上高で電通の後につけている博報堂は、電通のざっと半分から三分の一にすぎない。これでは自由な競争は、実質的に無理だろう。

各キー局は、このような電通によるガリバー的構造を、なぜ容認しているのだろうか。もっとも電通に依存しているＴＢＳは、「企業として長く仕事をしてきた結果」（広報部）と、そっけない。

日本テレビの場合は、電通の買い切り枠は、関西支社扱いの日曜二一時台の二分間のみだという。それでも全体として見ると、電通の占有率が大きくなっている。その理由について日本テレビは、次のように説明する。

「広告会社を決定しているのは、広告主（スポンサー）であり、放送局ではありません。電通の扱いが大きいのは、広告主が、広告会社の機能として電通を高く評価しているためで、その結果、規模、数ともに圧倒的になっているものと考えています。したがって局側が、〝メリット〟を求めて（電通に）〝依存〟できる関係ではありません」（総合広報部）

このように圧倒的な占有率を持っている電通だが、寡占状態を維持し続けるため、あくまでも貪欲な姿勢を崩さない。

最近、各代理店が競合した某外資系自動車メーカーのプレゼンテーションで、電通社員が広告主に語った〝決まり文句〟が話題になったという。

「テレビ枠の約二〇％を持っている電通、約一〇％を持っている博報堂。ここまでが日本の広告代理店です」

枠を持っていなければ、広告を入れ込むための調整をしづらい。このセリフ一発で外資系は日本独特の広告事情を察知し、扱いは電通の手に落ちたという。

広告とテレビは裏と表

なぜ電通はここまでメディア、とりわけテレビに強いのだろうか。裏を返せば、電通はテレビというメディアへの支配力が強い代理店だったために業界ナンバーワンになれたのである。今でもその構図は変わらない。

特にＴＢＳについては、近年まで経営陣に人を送り込み、「人事権を実質的に握っていた」（電通元社員）といわれたほどの親密性だ。

たとえばＴＢＳの代表的なテレビ番組の一つである、ナショナル劇場「水戸黄門」。実は、この番組の脚本を作っていたのは、電通が株を持つ制作会社㈱Ｃ・Ａ・Ｌである。Ｃ・Ａ・Ｌは、「水戸黄門」「大岡越前」など主にＴＢＳ系で放映される人気時代劇の脚本や制作などを手がけ、今は著作権管理が主な業務である。このＣ・Ａ・Ｌは、テレビ初放送時代からＴＢＳとつき合いのある有力な広告主、松下電器産業のためにつくられたといっていい会社だった。

Ｃ・Ａ・Ｌが手がけた時代劇の先駆け番組「水戸黄門」の脚本クレジットには「葉村彰子」という名前があった。実はこの葉村彰子は実在の人物ではなく、企画集団の名称である。その中心人物であった総合プロデューサーの男性は当時、松下電器の東京宣伝部員であり、ナショナル劇場を提案した人物である。彼が「一話完結」「印籠を最後に出す」など、〝黄金のマンネリ路線〟を展開した結果、「水戸黄門」は高視聴率の長寿番組となることができた。当時を知る元民放営業社員によれば、「この番組は最初時代劇を嫌ったTBSが拒否したのですが、電通の圧力で推し進んだ。電通の援助を受けた松下の宣伝部員はその後、カリスマプロデューサーになりました。電通社内でもC・A・Lの件は美談になっています」。

また、NHKとの関係で言えば電通とNHKの子会社NHKエンタープライズが出資する㈱総合ビジョンという番組制作会社がある。二〇〇五年には電通からは三人が出向していた。「定年退職したNHK出身の有名プロデューサーの名前を使って、制作の仕事をとることが狙いだった」（電通OB）と言うが、今ではアニメの著作権管理などをしている。NHKで不祥事を起こした社員なども出向していた。

また、電通が人まで送り込んで立ち上げた地方テレビ局も多い。今でも一〇〇社近い地方テレビ局や地方紙の東京支社が、旧電通本社近くの銀座に集中している。現在も「地方局では電通だけ広告取扱手数料が高い場合がある」（中堅代理店社員）と言う。

ある元在京キー局幹部は、系列の地方局の取締役に天下った際、裏に「電通」とだけ書かれた封筒が送られてきたという。中には三万円の商品券が入っており驚いたが「誰に返したらいいかわからないこともあり、結局懐に入れてしまいました。あんな民放の末端にも送ってくるくらいですからねえ……」と告白する。

電通の力を見せつけたこんな話もある。テレビ東京系で放映中の人気アニメ「とっとこハム太郎」事件だ。現在は水曜日朝七時三〇分から放映されている「とっとこハム太郎」が二〇〇六年三月まで放映されていた金曜日一八時三〇分枠は、アニメ枠ではもっとも視聴率のよい「おいしい」時間帯である。伝統的に萬年社という中堅広告会社が持っていた枠なのだが、その萬年社が一九九九年に倒産してしまった。倒産すれば枠が宙に浮く。本来なら局を通してオープンになるのだが、この枠は経営陣が萬年社と個人的に付き合いのあった、売上高一〇〇〇億円規模の中堅広告代理店、現I&S　BBDO（以下I&S）の手に渡った。

I&Sはアニメに強い代理店で、この枠でも何回かアニメを打った。ヒット作品には恵まれなかったが次期作品に目玉番組を計画していた。小学館から出版されている人気マンガ「とっとこハム太郎」のアニメ化である。ポケットモンスターなどのように、アニメなどのキャラクタービジネスは莫大な利益を生む。小学館のプロデューサーはこの金曜日枠を想定しており、代理店はどこでもよく、枠を確保したもの勝ちのような話だった。

一方、電通は火曜日枠を持っていた。テレビ東京とＩ＆Ｓと三者で話し合った結果、とりあえずＩ＆Ｓは二クール（半年間）だけ火曜日に移動し、その後「ハム太郎」をひっさげて金曜日枠に戻る約束になった。

ところがある日、金曜日枠に電通扱いで「ハム太郎」の放映が決まると、Ｉ＆Ｓの社員はテレビ東京の社員に告げられた。どういうことかとテレビ東京の営業担当を問い詰めたＩ＆Ｓ社員に営業担当は、しぶしぶ答えたという。「電通社員がテレビ東京幹部に対して、スポット枠を全部引き上げると脅したんです」

実際にはスポットを引き上げれば、他の代理店が、待ってましたとばかりに、その枠をすかさず埋める。そのためスポット枠引き上げはあり得ない「核ボタン」だ。だが、全国に系列局を四局（ＵＨＦ）しか持たないテレビ東京と電通との力関係の差は歴然としている。その後、電通のメディア支配力を見せつけられたＩ＆Ｓの社員は怒る気力も失せ、会社を去ったという。

公正取引委員会が名指し

二〇〇〇年、電通のCMビジネスをめぐる不正が明らかになった。スズキ自動車の宣伝・販促の窓口になっていた電通第七営業局所属の営業社員が、一括受注で預かった年間二十数億円の中から、三億円強をポケットに入れていたのだ。スズキ自動車に対しては、実際にはやってもいないCMや販促活動を、さもやったかのように偽って報告していた。偽装するために、下請けのプロダクションに、ニセのビデオまで制作させていたという。

この不正は、同年七月に一部マスコミに送付された差出人のない〝怪文書〟が発端となって表面化した。電通は、スズキ自動車に対して、返済金等を立て替え支払いし、営業社員を懲戒解雇にした。その他、関係部長から取締役まで、それぞれの管理監督責任をとらせることで事態を収拾した。だがなぜか営業社員の不正行為について、警察当局に告訴はしていない。

引き金となった〝怪文書〟には、こう書かれていた。

「電通築地7営業局が担当しているスズキ自動車のテレビCMについて、電通の担当者が数年にわたってまったく架空の請求を続けていたというのだ。……電通の第7局といえば、現在（編集部注、二〇〇〇年七月）の成田社長が局長だった」

電通は、この営業社員による不正の調査を行なったというが、調査結果は公表されていない。

このようにテレビメディアに対して支配的なシェアと影響力を誇る電通に対し、公正取引委員会も関心を寄せ始めている。

竹島一彦公正取引委員会委員長が、〇四年六月二日に開催されたＪＡＲＯ（日本広告審査機構）の設立三〇周年記念式典で講演し、以下のように指摘した。

「次に問題なのは、広告業界の寡占構造である。上位三社で総広告費の四〇％を占めているが、影響力の大きいメディアであるテレビの場合は、三社で九〇％を握り、そのうち電通が半分のシェアを持っている。こうした寡占状態を、どう考えたらいいのか。……広告枠を多く持っているという優越的な地位を利用して、新規広告会社の参入を阻止するようなことがあれば、私的独占行為として、われわれの関心事項になっていくだろう」

竹島委員長は、わざわざ「電通」という社名を挙げて、「私的独占行為」のおそれを警告したのだ。

これに対して、ある電通の社員は淡々と語る。

「新聞やラジオは、まずニュースがあって、次に広告がついてきました。ところが民法テレビは、広告と一緒に生まれ、発展してきた。電通は、その中心に、初めからずっと居続けてきただけ」

だが、電通はゴールデンなど売れる時間帯を買い占め、他社の持っている枠も、すきあれば奪って大きなシェアを築いてきた。ある大手代理店社員はこう苦々しく言っていた。

「電通という代理店は、テレビ局の共同経営者なんですよ。局としては、業界二位の博堂以下はスポンサーをとってくる販売系列会社でしかない」

かくして電通独占は拡大し続けている。

column “内弁慶電通”に押し寄せる黒船

電通の売上げは単体で一兆五七〇〇億円を超え、博報堂、大広、読売広告社の三社が経営統合して発足した博報堂ＤＹグループの六九〇〇億円、アサツー・ディ・ケイ（ＡＤＫ）の四一〇〇億円をはるかにしのぐ。電通一社で日本のテレビ広告費の三八％（七五〇〇億円）、新聞広告費の二〇％（一九八〇億円）を取り扱っている上に、主要な民放局全てに資本と人材を送り込んで、特別の影響力とマージンを確保しているなど、公正取引委員会が注視するほどの寡占状態にある。

さらに民放局だけでなく、ＮＨＫの番組権利を管轄する株式会社総合ビジョンにも出資しており、ＮＨＫグループとも密接な関係にある。テレビ事業に必須の視聴率調査会社ビデオリサーチも電通から出資を受けており、創業時には電通内に本社を構えたほど関係は深い。

売上げでラジオを追い越すなど成長が著しいネット広告は、取扱単価が安いため別会社（電通はサイバー・コミュニケーションズ、博報堂ＤＹ・東急エージェンシー・Ｉ＆ＳＢＢＤＯは共同でＤＡＣ）で運営しているほか、ＡＤＫとの合弁会社ＣＧＭマーケティングを設立するなど模索中。

さらに、事業の海外展開と外国企業の国内プロモーションを取り込むため、外資系代理店と提携。現在は、相互に競合するピュビリシス（仏：世界第四位）とＷＰＰ（英：世界第二位）グループと事業提携関係にあり、ピュビリシスとはビーコンを、ＷＰＰとは電通Ｙ＆Ｒ（ヤング・アンド・ルビカム）を合弁で運営している。

その一方で、ＷＰＰはＡＤＫと直接の資本提携関係があり、また、世界最大手の広告グループであるインターパブリックは、グループ企業のマッキャンエリクソンの日本法人を構える一方で、博報堂ＤＹの一角である大広と業務提携を持つなど、外資と国内広告代理店の関係は複雑である。

クライアントが広告のコスト意識に目覚めてハウスエージェンシーを構えたため広告手数料の折半が常態化している。トヨタ自動車のデルフィス、ソニーのフロンテッジ、古くは三菱電機のアイプラネット（前㈱アドメルコ）である。ハウスエージェンシーは、広告主企業の依頼を受け電通社員が広告業のノウハウを伝授することもあり、「わざわざライバル会社をつくるのに協力するとは、いくらクライアント（広告主）の依頼だからと言っても屈辱的です」と怒りを露にする電通社員もいた。

さらに主要四媒体（テレビ、新聞、雑誌、ラジオ）の広告費の伸び悩みとネットの伸張という取扱商品が変化する中、下位代理店の業績不振と進む電通の寡占化により、広告業界は再編の過渡期にある。

第6章

公正取引委員会が本格調査に着手した広告業界

「いよいよ公正取引委員会が、電通の広告寡占状態に対して動き始めたらしいよ」

二〇〇五年の年明け、大手新聞社や広告代理店の幹部からこんな情報が伝わってきた。電通の、異常ともいえる〝一人勝ち〟状態には、各方面から不満の声が出ていた。だが、だれも表だっては批判できない。それだけに、今回も業界関係者の希望的観測に基づく噂話の可能性もある――半信半疑で調べてみると、情報は事実であった。

大規模なアンケート

〇五年一月、広告業界を震撼させるアンケート調査が始まっていた。調査に着手したのは、公正取引委員会の事務総局経済取引局取引部取引調査室。広告業界関係者はこう話す。

「公正取引委員会から送られてきたアンケートには、会社概要から取引実績に至るまでの事細かな質問が並んでいました。公正取引委員会が本腰を入れた調査を始め、電通が君臨する広告業界にメスを入れるのか、と関係者の間で話題になったのはこのためです」

実際、公正取引委員会は「広告の取引実態に関する調査」をスタートさせていた。「広告主」（スポンサー企業）と「媒体社（テレビや新聞など）」の間に「広告代理店」が入る場合が多いのが日本の広告業界の特徴であるが、公正取引委員会はこの三者（広告主・広告代理店・媒体社）ごとに異なる調査票を作成、順を追って発送していた。

一月三一日、まず約三〇〇社の広告主に向けて送付、期限は二月二五日だった。続いて三月十八日には約一六〇社の広告代理店に発送（期限は四月一五日）、さらにテレビ局と新聞社の媒体社（両方で約三四〇社）にも、それぞれ異なるアンケートを四月五日と六日に発送した（期限は四月二五日）。業界全体を視野に入れた本格的な調査と言っていいだろう。

発送された四種類のアンケートのうち、広告主向けの調査票（正式名は「平成一七年一月三一日付公取調第5号に基づく報告依頼」）を見てみよう。そこには、たしかに「広告取引の概況」「広告会社との取引の概況」「テレビ広告の取引について」などの質問項目がびっしりと並んでいた。分量はA４で三〇ページにも及び、最後には「改正すべき点等についてご意見をお聞かせください」と内部告発を奨励する形にもなっていた。旧態依然とした業界体質にメスを入れ、一気に膿を出そうという意欲が垣間見えるようだ。

きっかけは下請法改正

公正取引委員会は、各種業界の流通実態、価格形成の仕組み、取引慣行などの実態を調査し、独占禁止法上や競争政策上の問題点を指摘する公的機関である。〇四年七月には、新潟市の官製談合疑惑で大手ゼネコンや地元建設業者を独禁法違反で排除勧告、一〇〇％近かった落札率（＝落札価格／予定価格）が八六％にまで激減した。また最近でも鉄骨製の橋梁工事の談合疑惑について調査、「橋梁談合刑事告発へ　公取委」（〇五年四月三〇日付の『朝日新聞』夕刊）などと大きく報じられた。建設業界を監視する〝談合摘発機関〟という印象が強い公正取引委員会が、なぜ、一見関係が薄そうな広告業界に目を向けたのか。調査担当者はその経緯をこう話す。

「今回の調査のきっかけは、〇二年六月の下請法改正でした。この時、テレビ制作やソフトウェア制作などの情報成果物の作成が下請法の対象になりました。これを受けて公取は、〇二年一〇月から翌〇三年九月の一年間をかけて、広告業界の下請の実態についてアンケート調査したのですが、その結果、書面で契約を交わさない古い取引慣行が残っていることが明らかになったのです。調査対象は約一〇〇〇社の業者でした（注1）」。

ここに登場する「下請法」は、立場の弱い下請業者を保護するための法律で、親事業者に対し四つの義務と一一項目の禁止事項（買い叩きや受取拒否など）を定めている。たとえば、第三条の「書面の交付義務」には、発注に際して必要な事項を記載している文書を作る義務が明記されており、他にも支払期日を定める義務、書類の作成・保存義務、遅延利息の支払義務などがある。

しかし公正取引委員会の調査では、口頭発注が約八割を占めるという結果となった。「企画内容が確定していないため、取りあえず、口頭で発注することが多い」「クライアントと広告代理店の話が確定していないケースも多い」などと業者側は弁明したが、下請法違反に当たることに変わりはない。

なぜ、これほどまでに古い取引慣行がはびこっているのか。この背景として公正取引委員会は、広告業界の寡占化が関係しているとにらんだ。日本の広告業界（全国で約四二〇〇事業所）は、上位三社で主要四媒体（テレビ・新聞・雑誌・ラジオ）の売上高の約四六％、上位十社でも約五五％を占めている。つまり広告会社や媒体の会社数が非常に少ない、高度に寡占化した市場構造といえる。このことから公取は「業界の寡占化が古い慣行の原因ではないか」とみて、業界全体の調査に乗り出したというのだ。

この問題意識は、公正取引委員会の文書の中で明確なメッセージとなっていた。今回の調査項目の一つとして、「広告業界における寡占化の状況（一部の広告会社が広告媒体の大きな部分を押さえており、広告主などに対して優位性がある状況）」をあげていたからだ。

ただし「『寡占化　イコール　悪』とは限らない」と公正取引委員会の担当者は補足する。独自技術を開発した企業がシェアをほぼ独占した場合や、規模が縮小傾向にある市場で大手一社だけが残った場合などは独禁法違反にはならないという。問題なのは、寡占化によって新規参入が阻害されたり、取引価格が吊り上げられる場合である。

無視された報告

名指しはしていないものの、公正取引委員会が業界トップの電通を主なターゲットにしていることは確実である。

何しろ電通は「広告業界のガリバー的存在」と呼ばれ、そのシェアは突出している。先の文書にある「一部の広告会社」を「電通」に置き換えても、意味はそのまま通じる。そのため「業界トップの優位性を利用して、不公正な高値で取引しているのではないか」と疑惑の眼差しを向けられても、全く不思議ではないのである。

電通に疑いの眼差しを向ける人物はほかにもいる。オリンピックの競技関係者はこう話す。

「アテネオリンピックの放映権の価格表を見る機会があったが、なぜこれほど高いのかと驚いた。電通が手数料をごっそり取っているためではないか。『五輪ビジネスを喰った影の金メダリスト』（一二八ページ以下参照）という呼び名はぴったりではないか」

またテレビ業界関係者も「視聴率の調査を電通の関連会社（ビデオリサーチ）が引き受けることで、テレビ広告料が水増しされやすい業界構造になっているのではないか」と指摘した。

こうした広告業界の〝闇〟を公取が照らし出そうとしているのは間違いない。「取引のある広告会社（一位から一〇位）」や「具体的な取引状況（日曜日から土曜日まで一週間）」などの詳細な質問項目からは公取の意欲が伝わってくる。実際、アンケート配布から約九カ月後の一一月、公正取引委員会は広告業界に〝宣戦布告〟をした。「戦前のカルテル（一九四四年に発令された価格統制令）が取引慣行で残っている特異な業界」とズバリ指摘し、独占禁止法違反の疑いがあるとする調査報告書を公表したからだ。

しかしマスコミは、公正取引委員会の意気込みをあまり詳しく報道しなかった——。

一一月九日、公正取引委員会の定例記者会見。上杉秋則事務総長はマスコミへの不満を口にした上で、「広告業界の取引実態に関する調査報告書」の補足説明を始めた。

「昨日、公表した調査は、私どもは結構、重要な調査だと思っていますが、なかなか報道していただいた社は少なかったようなので、少しコメントしておきたいと思います」

前日の一一月八日、調査を担当した経済取引局はアンケート結果を元に調査報告書（公取のホームページで閲覧可能）をまとめ、プレスリリースした。しかし、テレビ局はどこも取り上げず、新聞も『朝日新聞』、『毎日新聞』、『日本経済新聞』などが経済面で扱ったにすぎなかったのである。

公正取引委員会の報告が貧弱だったわけではない。五一ページにも及ぶ〝大作〟で、過去二〇年間のシェアの推移などのデータ満載。しかも「電通」「博報堂ＤＹ」「ＡＤＫ」の名前を挙げるなど踏み込んだ表現にもなっていた。主な内容は次の通りである。

①寡占化の進行……「電通」「博報堂ＤＹ」「ＡＤＫ」の大手三社のテレビＣＭのシェアは年々増加する傾向にあり、平成一六年度では六五％にも達していた（うち電通は三七％）。

②新規参入が困難……テレビ番組のＣＭは、改編時期（四月と一〇月）に既存の広告主が継続しない場合のみ、新規参入のチャンスが生まれる。しかし広告主の切替に関する情報は、大手三社に集中するため、新規参入が困難になっている。
③特別報奨金……テレビ局との取引が多い大手広告会社だけに「特別報奨金」が出ることがある。通常のＣＭ契約に上乗せされ、中小との間で最大約二〇％の格差が生じていた。
④ネット広告……インターネット広告では、契約書を交わすなど不透明なところは少ない。しかし将来的には、どうなるのか分からない。

こうした事実を列挙した上で、調査報告書は「公平性、透明性の確保が必要」と結んでいた。「活発な競争が起きているとは言いがたく、その結果、寡占化が進んでいる」と見なしたのである。

また公正取引委員会は、この調査報告書を元に改正案を作る意向も明らかにした。

しかし業界関係者からは「高いシェアだからと言って問題だとは限らない」「長年の取引慣行」などの反論も寄せられている。公取の調査担当者はこう話す。

「もちろん活発な競争が起きた結果、寡占化が進む場合もあります。しかしＣＭへの新規参入は困難、報酬の格差もあることなどを総合的に見ると、競争が活発に起きているとは考えにくい。

この状況がすぐに変わるとは思ってはいませんが、注目しているのがネット広告です。ここでは、既存の広告とは違って契約書を交わしていました。ネット広告が増えていけば、既存分野の古い取引慣行がなくなっていくことが期待できます。またネット広告はその効果をヒット数としてカウントできるため、客観的データで大手三社と中小業者の比較が可能になる。中小業者をテスト的に使いやすくなり、新規参入を促す可能性も持っているのです」

調査報告書やネット広告が電通の寡占状態を突き崩すきっかけになるのか。業界の激震は今後も続くだろう。

(注1) 広告業界の下請の実態調査は、二〇〇四年二月に出た「広告制作業における下請取引実態と改正下請法の内容　改正下請法の円滑な運用に向けて」にまとめられており、HPで見ることができる。

column　CMの著作権は誰のものか、広告業界に波及も
元電通社員が破った〝三業界合意〟

ＣＭ（映像広告）は、広告主・広告会社（代理店）・制作会社の三者による共同著作物である――。一九九二年に三業界で合意したＣＭ制作取引のルールが覆されかねない一つの司法判断が下された。ＣＭ原版のプリントをめぐり、その著作権が争われた裁判で、知的財産高等裁判所はＣＭを著作権法上の映画著作物として認め、著作権者は広告主であると判断したのである。

事件は、映像制作会社のカーニバル社（長谷川清代表）とグラフィックデザイン会社であるアドック社の間で起きた。カーニバルが二〇〇六年に制作した電機量販店ケーズデンキ、および菓子メーカー・ブルボンのテレビＣＭ原版について、アドックがカーニバルに無断で当該原版を使用し、そのプリントを作成した。このことが、著作権侵害にあたるとして、カーニバルがアドックに損害賠償を請求したのである。

プリントとはＣＭ原版のコピーのことである。たとえばある会社が新店舗告知（新店舗名部分は空白）のテレビＣＭを制作した後、新店舗の開店時には、その原版に新店舗名な

どを入れたものを作成することになる。そのプリント代は、CM一本あたり二万円程度だという。

裁判資料によれば制作会社は、「CM制作本数のうち九九％以上の割合でプリント業務を受注している」（日本アド・コンテンツ制作社連盟〈JAC〉）ように、プリントはそのCMを制作した会社が受注することが広告業界の慣例だった。また、プリントの売上げは、広告制作費とは別に発生するため、制作会社にとっても重要な収益源になっていた。しかし、業界ではほとんどの場合、プリントの発注元との間に契約を取り交わすことはなかったという。

ちらつく電通の影

カーニバルの場合、長谷川代表が、知り合いだったY氏の仲介によりケーズデンキとブルボンのCM制作を受注した。制作担当にカーニバルの社員S氏（当時）があたった。CM制作終了後、最初のプリント代金はカーニバルに全額支払われていた。異変が起きたのは、CMクレジットがカーニバル一社からアドックが加えられた頃からだったという。その後、新たに受注したプリント代金のうち半数以上がアドックに支払われていたことが発覚したのである。その際、キーパーソンとなったのが、元電通社員で、当時フリーディレクターのY氏の存在だ。裁判記録によると、Y氏は〇三年に電通を早期退職した後、フリーのクリエイティブ・ディレクターとして独立し、〇五年一月にアドックの監査役に就任。電通時代にはブルボンを担当してパイプを築いたとされ、また、電通のX部長（当時）と共にケーズデンキのCM制作にも関与していたという。

カーニバルの元社員S氏は「発注者（Y氏）からの依頼ですから、営業的に考え」たと裁判で証言している。発注者Y氏の後ろには電通が透けて見える。広告業界に〝君臨〟する電通の意向を制作会社は無視できるはずもない。さらに「プリントは確実に利益を見込める部分」（業界関係者）というからY氏もそこに着目し、慣例であることを逆手にとった可能性は否定できない。

長谷川代表は「いまだに毎日このことを考えていてはらわたが煮えくりかえります」と憤りを隠さない。

「裁判官はこの業界をまったく知らない素人ではないですか。私たち制作会社が担った撮影や編集等の具体的作業は企画立案に比べて相対的に低いというのです。しかし、撮影時のカメラワークにしろ、演出にしろ、制作者の創意工夫が寄与する面は大きく、（著作権

者の定義である）『発意』と『責任』を負っています」（長谷川代表）
判決はテレビＣＭを映画著作物とし、その映画制作者は広告主だと認められなかったわけだ。しかし、「誰が映画制作者にあたるかは、ＣＭごとに事情が異なる場合もある。もしかりに別の事案が提起された場合には、著作権について別の判断が下される可能性もあるのではないか」（著作権に詳しい専門家）という指摘もある。
ＣＭ原版の著作権が制作会社に認められなければ、プリントの独占的受注という業界の慣例が覆されかねない。だが、制作会社団体であるＪＡＣ（理事長・野末敏明元電通常務取締役）は、「公式なコメントは控えさせていただきたい」と責任のある説明を回避した。結局、広告業界の関連団体も電通ＯＢが入り込み、電通から長年仕事を受けてきた制作会社は泣きを見ることになっている。

第7章
新聞社にも圧力

「序章」で登場した武富士の年間広告費は、一五一億円（二〇〇二年度）に上った。ざっとテレビCMに六割、新聞・雑誌等に四割という割合で投入されているようだ。その大半は電通が取り扱っている。

サラ金広告解禁の背景

そもそもサラ金（消費者金融）の広告は、東京キー局（日本テレビ、TBS、フジテレビ、テレビ朝日、テレビ東京）は放送を自粛してきた。しかし、テレビ東京が、一九八六年四月に放送に踏み切り、以降、各キー局もさみだれ式に放送を始めた。最後まで自粛していたTBSも、〇一年から流している。新聞も同じだ。最後まで抵抗した『朝日新聞』も結局は解禁した。このことについて『朝日新聞』の幹部OBが、怒りを込めて語る。

「『朝日新聞』は、最後までサラ金広告の掲載を拒否していた。しかし、当時の広告局長だった久野三郎などが、解禁を推進したんです。その時の電通側の人物が、成田豊だった。二人は、ともに東大野球部の出身ということで、非常に親しかった。また、当時の電通副社長が、『朝日』の副社長のところに来て、『解禁反対者をなんとかしてくれ』と要請していたという。そのためか『朝日』の部長会で解禁に反対した者は、大阪や事業開発部門に出された。電通は『朝日』の人事にまで介入してくると感じた」

新聞は読者からの購読料収入があるので、民放テレビほど広告収入に縛られないため、報道機関としての使命を担いやすい。とはいえ、やはり総売上高の半分程度は、広告収入に頼っていることも事実。そこに電通や広告主企業の影響力が及ぶ余地が生じる。

「事前に予算（売上ノルマ）や建ページが決められているので、予定通り広告ページが埋まらない時もある。そういう時を考えれば、どこよりも電通は頼りになる」（全国紙広告局ＯＢ）

電通は、本業の広告仲介によって、新聞社に対して独自の影響力を行使できる立場にあるというわけだ。武富士もその「力」に頼ったのだろう。

新聞局が出世コース

新聞社に対する営業（広告面の購入）部門は、電通では新聞局（旧・新聞雑誌局）と呼ばれている。そして電通の歴代社長は、この新聞局出身者が占めてきた。いま電通の年間総売上高は、本体だけでも一兆四〇〇〇億円に上る。そのうちの半分は、テレビ局の売上げだ。これに対し新聞局の方は一五%足らず。雑誌部門を合わせても約二〇%である。業績から見た会社貢献度は、新聞局よりテレビ局の方が、格段に上位にある。それでも業績の低い新聞局出身者が、いまだに社長になっているのである。現社長の俣木盾夫、前社長の成田豊（現・最高顧問）も例外ではない。不可解というか、不自然な人事である。

なぜか。長年、新聞界を取材してきたベテラン専門紙記者が、次のように説明する。

「戦前、通信社も兼ねていた電通は、新聞社に通信を買ってもらっていた。いわば新聞業界が電通を育て、その電通が民放テレビを育てたのです」

全国紙やブロック紙、大手民放は電通の持ち合い株主でもあり、両者は広告主からカネを引っ張ってきて分配する仲間なのだ。記者は続ける。

「一方で取材力のある新聞媒体は、広告主企業に対する影響力が強い。その新聞に電通が広告を入れ、便宜を図っている。同時にサルベージというか総会屋的というか、そういうたぐいのこともやり、媒体との関係を深めてきた。こういう歴史があるため、電通内部では新聞局が別格扱いされてきました」

電通新聞局に籍を置いたＯＢも、次のように証言する。

「今日の電通繁栄の基礎は、一九四七年に四四歳で社長に就いた第四代社長の吉田秀雄がつくった。その吉田が、新聞局地方部の出身だったことから、地方部出身が、ずっと社長の椅子に座り続けてきた。成田最高顧問や今の一〇代目社長の俣木社長も地方部出身です。今から二〇年ほど前には新聞局は二〇〇人ほどの組織で、その中の地方部は五〇人程度の小さな組織だったんですが」

吉田秀雄は、六三年一月、五九歳の時に社長のまま死去した。同年一月二九日付『朝日新聞』の「天声人語」は、次のように書いている。

〈吉田秀雄が電通に入社したころは「押売と広告屋は立ち入るべからず」のハリ紙を入り口にはり出す会社も少なくなかった。……それが経済成長と技術革新、レジャーブームで大量生産、大衆消費の時代になるとともに、年間二千億円を突破する大量広告の時代になった。その波に乗ったのではあるが日本の全広告費の三割、その取扱高は月五十億円、年間六百億円という〝マンモス電通〟に大きく育て上げたのは、やはりこの〝広告の鬼〟の力量といってよかろう〉

この時点で民放テレビは、開局からまだ一二年しかたっていない。すでに一〇〇年近い歴史を重ねていた新聞が、年間総広告費の約四〇%を占め、テレビ・ラジオは約三五%であった。隔世の感があるが、電通の社長人事は時間が止まっている。

話を戻そう。新聞局の権威の源泉の一つは、全国紙の場合、事実上、フリーパスで新聞社内に入れることだ。さすがに編集局までは足を踏み入れることはないが、広告局を通じてゲラ（試し刷り）を手にするのはさほど難しいことではない。電通がこうした力をスポンサー獲得に利用していることは想像に難くない。

全国紙の記者が語る。

「企業が怖いのは、いわばコワモテの社会面を持つ新聞です。紙面になる前に、記事の対象となった企業などから苦情や問い合わせが来ることがある。疑いたくはないが、社内からゲラが漏れているとしか考えられない……」

その電通といえども記事を完全に潰すことは難しい。だが、紙面扱いを小さくしたり、社名をぼかすなどの対応を新聞社に要請し、受け入れられることはたびたびある。特に自社のスキャンダル隠しには力を入れているようだ。また電通の不祥事については時事通信、共同通信、企業向け通信社だけが報道する場合がある。

九九年四月、あるテレビ局社会部の記者が、電通の多額の申告漏れが発覚し追徴課税されていた事実をつかんだ。それについて電通に取材を申し込むと、「必ず連絡するから待っていてくれませんか」と対応したという。ところが、その日のうちに共同通信と時事通信がいっせいに報道してしまった。第一報を奪われたためにクレームをつけた記者に対し、電通は「(共同通信は)筆頭株主ですから」とぬけぬけと答えたという。

時事通信社と共同通信社はかつて同盟通信社という同じ会社だった。一九三六年にその同盟通信社の広告局が電通(当時は日本電報通信社)に移され、電通の通信部門が同盟通信社に移された。その関係から、共同と時事は電通の大株主。二〇〇一年の電通の株式上場時には、両社は株売却益の一部で自社ビルを建てている。持ちつ持たれつの関係だ。時事と共同の社長になれば、電通の取締役になるという〝慣行〟もある。米系金融専門通信社のブルームバーグに法人向け金融情報ですっかり食われてしまった時事通信は最近も電通に泣きつき、新築した自社ビルの空きテナントに、福岡放送や南海放送などに入ってもらっているなど面倒を見てもらっている。

また、新聞社のスキャンダルが週刊誌で報道される場合には、新聞社は事前に電通を通じ、その記事のゲラを入手することもあるという。電通と全国紙も、この点でも持ちつ持たれつの関係にある。そうした関係を象徴するような事件も起きている。『朝日新聞』社友(OB)が、以下のように告発する。

「中江利忠社長（当時）のときに、『朝日新聞』の社内調査で、電通が一〇〇〇万円単位の広告料金をごまかして、ポケットに入れていたことが秘密裏の社内調査で判明しました。電通は、新聞社と広告主が、広告営業面で直接交渉をしない慣例になっていることを悪用し、『朝日新聞』の掲載料金に上乗せした金額を広告主に伝え、入金させていたのです。電通の不正行為は当時の中江社長にも報告されたが、いわゆる〝灰色〟だとして不問に付されました」

中江社長といえば、子息を電通に入れている。その子息は不幸な自死を遂げたが、一切ニュースにはならなかった。

電通は全国紙だけではなく、地方紙にも大きな影響力を持っている。

「電通は今や効率の悪くなった地方紙を支えるために、都市部の広告を地方紙にはめこんでいる。地方に大きな広告主はいないんですよ」（大手広告代理店社員）

全国の地方紙に関する広告営業を担当しているのは新聞局地方部だ。

「私のころは、電通地方部と共同通信の間に直通のホットラインがあって、こういうニュースを流したとか、どういう記事になっているかなどと、頻繁にやり取りしていた。電通が広告をとり、共同がその企画記事を書いて、地方紙に掲載するというタイアップもあった。

ハード面では変わっても、いまでも同じようなことはやっているはずです」(前出・電通ＯＢ)
これに限らず、電通の影響力は、ほとんどすべての新聞に及んでいるといっても過言ではないだろう。
「地方紙にしても自社主催のイベントなどで、別刷りを出してナショナルスポンサー（政府）の広告を入れたい時には、やはり電通を頼りにする。取次手数料は高いが、電通に任せておけば大丈夫だと考えているからです。こういった関係もあり、特に企業が欲しがる記事の情報を、電通はいち早く入手しやすい。情報力は電通の武器になっているし、電通内で新聞局が勢力を維持できる土壌になっています」(全国紙記者)
この通りだとすれば全国紙や地方紙の社会部記者が活躍するほど、電通も企業に重用されるということになるわけだ。
電通にとっては、メディアをめぐる「トラブル処理」も仕事の一つである。たとえば、一〇年あまり前にアムウェイという会社の販売方法が、「マルチまがい商法」だとして、大きな批判に晒された。このときも電通が乗り出し、テレビだけでなく新聞雑誌を動員したイメージ広告を大量に投入するなど、マスコミ対策を行なったと伝えられる。
二〇〇三年には『週刊ポスト』が「土壇場企業49社を緊急調査」という特集記事を掲載。

この四九社の中に取り上げられたカネボウが、その記事の情報をキャッチし、電通社員を引き連れ、同誌にクレームをつけ、回収騒ぎに発展したこともある。

「なんでも、小学館が発行している他誌のカネボウの広告の引き上げもにおわせて、回収を迫ったという話で、小学館はカネボウ側を納得させるために、カネボウに関する部分を全面的にカットし、数万部を刷り直したようです」（月刊誌記者）

新聞調査も始めた子会社

新聞や雑誌の広告料金は、基本的に部数を元にして決められているが、電通は、テレビの視聴率と同じように、新聞や雑誌の広告料金に影響する部数調査にも深く関わっている。新聞と雑誌の部数調査で、業界内でもっとも知られているのは、ＡＢＣ部数である。この数字を出している㈳日本ＡＢＣ協会の会長が、○四年九月交替した。

「新しい会長に就いたのが成田さんだ。さすがに『なぜだ』という声が、内部からも出ましたが、広告主筋や財界筋は逃げてしまい、他になり手がないということだった。それにしても新聞広告や雑誌広告の営業をやっている電通が、客観的な信頼性が重視される調査

組織のトップになるのは非常識です」（マスコミ専門記者）

ＡＢＣ協会は、公式ホームページで、次のように断じている。

「新聞や雑誌は、ニュースや情報を伝えるだけでなく、多くの広告を掲載しています。明確な量を示すデータは、マーケティング活動を展開していく際に重要な判断材料となります。それには、ＡＢＣが確認した裏づけのある部数が基本となります。自称ではない第三者が証明した部数を提供する――それがＡＢＣです」

こういうＡＢＣ協会の主張は、特に広告料金を支払う側の広告主などには、あまり信用されていない。一定のメドにはなっても、自己申告に近い印刷部数であり、実際の購読部数より多い数字が出てきていると見られているからだ。広告代理店にとっても、当面、その方が都合がいい。成田会長がＡＢＣ調査の信頼性向上に向けた大改革を断行すれば立派だが、おそらく無理だろう。

うがった見方をすれば、ＡＢＣ部数をこのまま中途半端なデータとして据え置く意思表明のための会長就任だと言えなくもない。

なぜなら電通の子会社のビデオリサーチが、テレビの視聴率だけでなく、「全国新聞総合調査」まで始めたからだ（現在は木村武彦社長、電通顧問まで務めた竹内毅は同社前社長）。

毎年一回の調査で、二〇〇五年現在、四回目の調査が進行しているところである。肝心の部数調査は行なっていない。しかし、全国で三万三八〇〇サンプルを抽出し、年齢層別に宅配購読紙、閲読時間、閲読場所、閲読主要記事ジャンル、生活意識などが掌握できるという。広告主企業とすれば、こちらの個人データの方が気になるだろう。

テレビ局と同じように電通は〝共犯者〟として、よりいっそう広告媒体として利用しやすくする道具をつくり出したことになる。だが視聴率データ同様、電通の関連会社の調査データということで、客観性は疑問があると言わざるを得ない。

消費者保護の見地から、広告の適否を審査している㈶新聞広告審査協会という組織がある。『朝日新聞』や『日本経済新聞』などの音頭で設立されたというが、ここにも電通はじめ大手広告会社が参画している。新聞業界も広告業界も「みんなで渡れば恐くない」ということなのか。

column　必死で入手した汐留本社

株式会社電通の象徴とも言えるのが、東京・汐留にそびえる四八階建てのガラス張りの自社ビル「カレッタ汐留」。フランス人デザイナー、ジャン・ヌーベルの手による設計で、イタリアン・レストランや小泉首相がしばしば食事をする寿司店、電通と関係の深い〝イベンター〟浅利慶太の劇団四季劇場などのテナントが入り一見、格好がよい。

だが、「暑い」「水が漏れた」「受付のセキュリティが厳しすぎて、社外関係者とのコミュニケーションがとりづらくなった」「クライアントより立派なビルでクライアントに嫌みを言われる」などと電通社員からも当初は不満の声があがった。そんな新社屋も、落成して早くも五年が経った。

そもそも、電通や日本テレビなどが本社を構える汐留シオサイトと呼ばれる一帯は、日本国有鉄道つまり、現在のＪＲ東日本が所有していた用地であり、その後、国鉄から派生した国鉄清算事業団が所有していた。五万三〇〇〇平方メートルものこの広大な土地は都内でも最大規模の未開発地であり、銀座にも隣接する東京の一等地という利便性の高さも加えて、国鉄清算事業団にとっても最大の資産であった。

発足以来、銀座界隈に本社機能を持っていた電通は、この汐留に本社ビルを建てるために、必死になっていた。汐留跡地の落札に際して、電通は大手ゼネコンと組んで、国鉄清算事業団の談合情報をも不正に入手しようとしていた。

一九九〇年代後半、電通は築地本社をはじめ、銀座周辺に大小二〇棟近くのビルを借りており、とりあえずは急場をしのぎ続けてきた。だが会社が分散していては業務効率が悪い。上司の目の届かないビルでは職務怠慢の社員も続出するなど、一刻も早く集約・管理しなければならなかった（現在、築地本社には関連会社の電通テックが入っており、そのほかの旧電通社屋にも電通子会社が入っている）。そこで電通は新社屋移転先の土地を探していたのである。

そのほかにも急ぐ理由はあった。

「電通グループにいまだに居座っている成田豊電通最高顧問は、当時、株式上場と新社屋の建設を電通の歴史に残る業績としてとらえていて、自分が社長時代になんとしても実現したいと固執していた」（電通社員）

新社屋建設と株式上場をやり遂げた後、成田氏は最高顧問へと退き、後任には成田氏と同じ新聞局出身の俣木盾夫氏が代表取締役社長に就任している。

そのような電通の動きを知っていたのがゼネコン大手・大林組である。大林組が絡んでいる築地周辺の土地開発の提案を電通にしていた。しかし、電通はこれを不十分として首を縦に振らず、移転先がなかなか決まらない状況が続いていた。

そもそも電通と大林組の付き合いは古い。一九七一年に竣工した電通の旧築地本社の施工を手がけたのが、大林組なのである。以来、電通は大林組にとって得意先になっていた。一方、大林組は関東では弱く、鹿島、大成建設などの後塵を拝していた。そこで大林組は「メディアパートナー」と呼ばれ、テレビほかメディアに強力なコネを持つ電通を足がかりに、放送業界の工事を引き受けたいと目論んでいた。

その矢先、九八年五月二九日の東京・大手町のサンケイホールで国鉄清算事業団が九九年に予定している落札を発表した。前述した、汐留跡地の売却である。跡地をA街地区、B街地区、C街地区にわけられて、入札計画が発表された。これに対して電通は、浜離宮を見下ろせるもっとも条件のよいA街地区を狙った。入札の際に、電通は目立つことをさけて大林組が電通の代わりに準登録することになった。

自著『「談合業務課」現場からみた官民癒着』を著した元大林組社員で作家の鬼島紘一氏は、この一件について次のように述べる。

「大林組は電通が固執していたＡ街地区に超優良企業が多く希望していることを早くから察知し、その対策を電通とともに練っていたんです」

大林組は九五年、国鉄清算事業団の元理事Ｙを三顧の礼で迎え入れている。Ｙは二五兆円を超える債務を抱えた国鉄の分割・民営化の際に売却された約九〇〇〇ヘクタールの土地の処分を決める事務上の最高責任者であり「ミスター事業団」と呼ばれた人物である。Ｙは入札参加希望の動向をほぼ掌握していた。Ｙに取り入れば、意中の企業に高い確率で落札させることが可能だったのである。もともと大林組は東京駅、品川駅、大阪駅など主要駅の施工をするなど、旧国鉄系に強かったこともある。そこで、大林組はＹを常務取締役にしてプロジェクトチームを作る。大林組はＹを通じて、一部の幹部しか知らない旧事業団用地の入札予定価格をいくつも入手していった。そして、汐留の旧国鉄用地の入札も発表されたわけである。

「電通の本社移転担当者は総務局次長のＩでした。全社の施設部門を担当する、施設や不動産管理のエキスパート。Ｉは顧問のＳに可愛がられていた。大林組は飲食やゴルフ接待はもちろん、Ｓの山形の実家まで面倒を見ていました」と鬼島氏は言う。

もちろん、Ｉは国鉄清算事業団の内部情報を知りたがり、大林組は全力で予定価格を入手したという。九九年二月の入札日。結局、大林組は一三三一億円で見事落札する。二位は一三一〇億円。坪単価でみれば、四〇万円の僅差にしかならない神業だった。電通は大林組を使って、最小の費用で汐留A街地区を手に入れた。一方の、大林組の部長らは感極まって神田の料亭の祝勝会で目を真っ赤にしたという。

また一つ、世間には言えない秘密を共有して、電通幹部たちとゼネコンは切っても切れない関係にはまっていくのである。

第8章
葬式から五輪・万博まで

アテネオリンピックが日本選手のメダルラッシュで沸いていた〇四年八月、財団法人日本オリンピック委員会（ＪＯＣ）から、アマチュアスポーツの各競技団体に一束の書類が渡された。マスコミには公表されなかったその書類の標題は「２００５―２００８　ＪＯＣ　オフィシャルパートナーシッププログラム　競技団体とのタイアップマーケティングについてのご説明とお願い」。

要は、二〇〇八年北京オリンピックまでの選手の肖像権などに関わる提案だ。関係者が注目したのは、差出人。ＪＯＣとともに、「株式会社　電通」と記されていたのである。これは、オリンピックビジネスをめぐる戦いで、電通が再び「完全勝利」した証しだった。

五輪ビジネスを喰った陰の金メダリスト

ＪＯＣの公式スポンサーになっている企業は、現在一九社ある。スポンサー活動の窓口となっている代理店は、電通、博報堂ＤＹＭ、アサツー・ディ・ケイ（ＡＤＫ）、三菱商事の計四社だ。それぞれＪＯＣと契約した上で、スポンサー集めをしている。とはいえ、その半数以上（一三社）を電通が占めており、電通のライバルと目される博報堂ＤＹＭにいたっては、一社も担当できていない。

そもそも、七九年に始まるＪＯＣのマーケティング事業（肖像権の一括管理など）は長い間、電通に頼ってきた。電通とＪＯＣの歴史を振り返ってみよう。

一九八〇年のモスクワオリンピックの際、西欧諸国はソ連（当時）のアフガニスタン侵攻に抗議し、オリンピック参加をボイコットした。当時は東西冷戦の真っ只中。西側陣営に属する日本の選手団は参加を見送った。これが日本のアマチュアスポーツ界にとって大きなトラウマとなる。なぜ、〝平和の祭典〟オリンピックが政治に屈しなければならないのか――。

財政難の㈶日本体育協会（体協）は、「スポンサー」である政府の意向には従わざるを得ない事情があった。当時、日本選手団を束ねていた体協の最大の仕事は、選手の育成強化費用を捻出するため、いかに寄付金を集め、政府からより多くの補助金を引っ張ってくるかであった。だが、モスクワオリンピック・ボイコットの屈辱感は、体協からＪＯＣの前身であるオリンピック委員会を分離・独立させていく原動力となる。国の補助金ばかりに頼っているわけにはいかない、政治から独立しなくては、という気運が盛り上がったのだ。

とはいえ、オリンピック委員会はカネ儲けに関しては素人の集まり。そこでモスクワオリンピック・キャンペーンで協力を得ていた電通に知恵を借りることにした。

当時はまだ「アマチュア選手はカネを稼いではいけない」という考えが主流だったが、電通は肖像権を売るビジネスを考え出す。稼いだカネはそのままオリンピック委員会に寄付し、それを選手の強化費用に当てる——という方法だ。肖像権が「売れる」スター選手は限られていたが、その利益は他の弱小団体にも分配され、日本のスポーツ界全体の底上げにも活用されていく。

電通はオリンピックマークを企業が商業的に使い、その収益をオリンピック委員会に集めるシステムも考え出した。だがオリンピックマークでは国際オリンピック委員会（IOC）の規定に抵触してしまう。そこで電通は現在おなじみとなった「がんばれ！　ニッポン！」ブランドを作り出した。

だが、八八年ソウルオリンピックでのメダル獲得数は前回の計三二個から一四個へと激減することとなり、体協は国民から大バッシングを受けた。このことはさらに、オリンピック委員会の体協からの分離・独立の流れを後押しした。オリンピック委員会自らがカネを稼ぎながら、強い選手を育てていかねばならない——。

翌八九年、当時の文部省下にあった体協内のオリンピック委員会は、㈶日本オリンピック委員会（初代会長は堤義明）として独立、新たな「アマチュア・スポーツの総本山」になる。一方この頃から、電通任せのオリンピックマーケットからも独立する気運が芽生え、長野冬季オリンピックに向けた九三年、ＪＯＣは関連団体として、ジャパン・オリンピック・マーケティング株式会社（ＪＯＭ）を設立する。ＪＯＭは五輪選手の肖像権や、スポーツイベントの商業的権利などの企画や販売を扱う会社であった。

短命だったＪＯＭと西武・堤

これに加え九六年、バブル崩壊不況のあおりを受け、電通が、ＪＯＣへの最低保証額を〝値切った〟ことをきっかけに、「契約通りにやってもらえないなら、今後は他の代理店を使うことも考えるべきだ」と、競争原理導入を求める声がＪＯＣ内部で噴出した。

ＪＯＭ関係者は当時の様子を語る。「たとえば電通はある企業をスポンサーにしたら、そのスポンサー料を一五％とった。さらにそのスポンサー企業のオリンピック関連のプロデュース料として制作費の一五％をとる。ＪＯＣに入るはずの三〇％が電通に渡ってしまうわけだ。そこでＪＯＭをつくったわけだが、確かに電通が間に入るより利益が大きくなりました」

実際、マーケティング事業をＪＯＭに業務委託し、代理店に総合商社・三菱商事を加えたところ、二年間のマーケティング収入が、当初掲げた目標額一〇億円の二倍、二〇億円を突破した。これで自信をつけたＪＯＣは、競争にさらなる拍車をかけるべく、博報堂など二社を新たに加え、現在の「四社体制」が出来上がったのだ。

だが、八年間で三五〇億円を稼ぎ出したＪＯＭはなぜか二〇〇〇年末に解散してしまう。このことについて、ＪＯＭ社長だった菊地陸ＪＯＣ元理事（日本ライフル射撃協会会長）は、「西武グループがオリンピック・ビジネスを牛耳るためには、透明性の高い中立な組織などあってはならないのだ。（中略）おそらく私の解任によってＪＯＭは解散させられるだろう」（『文藝春秋』二〇〇〇年四月号）と告発している。予言通り、菊地はＪＯＣ理事を解任され、ＪＯＭは解散したのだった。

だが関係者は、解散の原因は西武・堤支配だけではないと言う。当時、「政治」からの自立を目指したＪＯＣ＝ＪＯＭは、電通からも自立しつつあった。だが、出向者を常駐させるほどＪＯＣに食い込んできた電通は当然、納得できるはずもなかっただろう。

「菊地さんも『文藝春秋』では、堤義明批判とともに電通批判も書こうとしたほど、電通の商法に疑問を持っていた人です。菊地さんは、ＪＯＣ役員クラスには電通関係者を入れなかったし、そんな菊地さんを電通は嫌っていた。電通のある局次長などは当初、菊地さんに取り入ろうとしたが、それがだめだとわかると解任させようと動いた。この局長は退社後、マーケティングアドバイザーとして菊地さんのいないＪＯＣに入ってきた」（ＪＯＭ元職員）

電通の逆襲が始まったのである。〇三年一一月二九日付『朝日新聞』朝刊に、次のようなスクープ記事が載った。広告業界関係者以外には少々難解かもしれないが、そのまま引用する。

日本オリンピック委員会（ＪＯＣ）は二八日のマーケティング委員会で、専属的に一括管理してマーケティングに使用してきた選手の肖像権を返還し、新たに個人契約を結ぶ形でＪＯＣに委託してもらう新方式を承認した。選手は拒否もできる。

業務は四年間で三六億円の最低保証を示した電通に専任させる。新制度は〇五年から導入される。

「選手の権利を尊重することと以上に、ＪＯＣの収入を確保することが大切だった」。マーケティング委員会の幹部は明言した。ＪＯＣのこんな姿勢が、実質的には従来のスタイルを踏襲する選択を生んだ。

ＪＯＣは選手からの委託取りまとめを、各競技団体に任せる。協力度の低い団体への交付金は「ペナルティー」として低く抑える。小粥義朗・マーケティング委員長（ＪＯＣ副会長〈当時〉）でさえ「競技団体の選手への締め付けが厳しくなるだろう」と予想する。

資金が欲しい団体幹部の説得に、立場の弱い選手が自由に意思表示できるのか。選手の自由意思に基づく新制度に、現制度のような「強制感」はぬぐえない。

＊

記事の骨子は「一時期ＪＯＭが担当していた業務を、ＪＯＣは来年から電通に独占させることにした」ということだ。そのカラクリは、次の通りである。

五輪マークより肖像権を

〇四年一〇月、代理店四社の担当者がJOCに呼ばれた。〇五年一月から始まる新規の「スポンサー集め」に関するオリエンテーション（業界用語で、代理店への説明会）が行なわれたのである。その際、JOCからは次のような趣旨の説明がなされた。

肖像権ビジネスでJOCがおカネを集めるやり方は、もうギブアップだ。世界的に見てもそうだし、肖像権を売るという商売でおカネを集めるのはもう無理。なので、JOCにどうやったらおカネが入ってくるか、新しいおカネの集め方を代理店各社で考えてほしい。ついては、最低保証額もあわせて提示してほしい――。

スポーツ選手がテレビCMに出演すると、その出演料から代理店が手数料をとり、JOCを経由して、選手の所属する各競技団体に入る。

選手にしてみれば、短い選手生命の中で、いかに自分を売り出すかは、競技人生後の生活がかかった死活問題である。スター選手の中には、自分で稼いだおカネでさらに自分を磨くトレーニングをしたいという意識も芽生えつつある。海外の選手の中には、米国のカール・ルイス（陸上選手）などのように、自分でプロモーションし、CMにも出て、巨額の富を稼ぐ者もすでに出ている。日本では日本陸上競技連盟とＪＯＣが難色を示すなか、九七年にプロ宣言しＣＭ三本に出演したバルセロナオリンピック（九二年）女子マラソン銀メダリストの有森裕子は、そのさきがけだろう。

最近では〝ＣＭ女王〟と呼ばれた女子マラソンの高橋尚子が一石を投じた。高橋が出演するテレビＣＭはＪＯＣを介さず、高橋が企業と直接契約を結んでいる。事実上、高橋は自由に自分の肖像権を使い、ＣＭに出演するなどして稼ぐことができる。

このような選手は業界用語で「完全除外選手」と呼ばれる。シドニーオリンピック後の〇一年に新設された制度で、他に、トランポリンの中田大輔も完全除外選手として認められている。だが、完全除外選手になれば、競技団体からのさまざまな援助がなくなる。奇しくも、ＪＯＣや競技団体に〝楯突いた〟この二人は揃ってアテネ五輪の代表から落ちた。

なぜこのような制度が生まれるのか。五輪選手は規約上、ＪＯＣスポンサー企業のＣＭにしか出られないことになっているのだ。ちなみに、この縛りは電通が雛形をつくった。だが、肖像権は選手個人に属する法的権利なので、権利を主張する選手らと裁判で争えばＪＯＣに勝ち目はない。一方、高いカネを出す企業は「五輪マーク」など欲しくない。本当に欲しいのは有名スポーツ選手の肖像権である。

そこで電通は五輪マークに肖像権を抱き合わせにして売り出す知恵をJOCに授けた。電通にしても、選手の肖像権を押さえなければ、オリンピックビジネスに「うま味」がない。だが、この商売にも陰りが見えてきた。高橋、中田の後を追うように、アマチュア選手の除外申請が相次いだのだ。このため、JOCは〇二年、協賛企業と競合しない社のCMになら出演できるという「特別認定選手」制度を新設した。谷亮子のペイントハウス、北島康介のロッテ、室伏広治の武田薬品工業などが認められている。だが、いったん動き出した流れは止まらなかった。

そこで危機感を抱いたJOCは、前述のオリエンテーションで「新しいおカネの集め方」を考えるよう、代理店各社に依頼したわけである。無論、「選手に肖像権を返す」ことが大前提だ。電通以外の博報堂、ADK、三菱商事の三社は、そんなJOCの意向を受け、選手の肖像権にはまったく触れない形の新しいビジネスを提案するプレゼンテーションをした。だが保証額を提示することはできなかった。選手に肖像権を返した上でのビジネスは相当、厳しいため、目標額にとどめざるを得なかったのだ。

悪魔的なアイディア

これに対し、電通は、自分一社で請け負う代償として三六億円の最低保証金を提示した。しかし、もっと他社を驚かせたのが、恐るべき〝反則技〟だった。いったんは選手らに肖像権を返すものの、これまでと同様、JOCに肖像権を委託させる新たな「個人契約」を選手らに結ばせよう――というプレゼンを打ったのである。

最大の〝セールスポイント〟は、JOCとの契約を拒む選手が続出するような「協力度の低い」競技団体には、JOCからの交付金を低く抑える「ペナルティー」を科すことにしたこと。なかば脅しである。

その上で、選手からの委託取りまとめは、選手が所属する各競技団体に任せる、とした。建て前上、選手は委託契約を拒否することもできるとされたが、現実には考えにくい。競技団体にしてみれば、契約を拒む選手がいればいるほど、交付金を削られる。前出の小粥義朗が、当時全日本柔道連盟副会長の肩書きを持っていたように、そもそもJOCの理事は協議団体幹部なのである。

長年自分を育ててくれた競技団体の幹部に頼まれれば、若い選手たちは拒みづらい。それに競技団体との契約を拒否すれば、国内競技大会から干されたこともある。事実上、選手がＪＯＣと半強制的に契約するアイディアを電通は提案したのである。

この電通の提案は、「選手に肖像権を返す」というＪＯＣの出した条件から、明らかに逸脱したものだった。しかしＪＯＣは、この〝反則〟提案に乗った。ＪＯＣは、選手の権利を尊重するより、目先の収入を確保する道を選んだのである。

スポーツ選手の「旬」は短い。その時、きっちり稼がせてあげようと、ＪＯＣもいったんは考えた。また別の道を模索していた職員たちもいる。

「かつてＪＯＣにも選手の一生をケアするようなシステムを作るべきだとの声があった。生命保険会社などと組んだスポーツ年金システムのようなイメージです。選手は現役を引退してからも、自らの実績を生かして、五輪運動の使者として活動し、その年金を支えていく。肖像権の管理をするかわりに、生涯をスポーツで生きていける体系です」（ＪＯＣ元幹部）

そんな一連の〝親心〟も、電通の甘い囁きで木っ端微塵に砕かれた。

前述した、競技団体宛てのＪＯＣと電通連名の書類は、まさに「これからは電通がオリンピックビジネスを牛耳ります」という宣言でもあったのだ。

愛知万博批判を封じ込めた〝奥の手〟

〇五年をあげての最大のイベントといえば愛知万博であろう。〇四年九月二五日、全国五紙（『読売』、『朝日』、『毎日』、『産経』、『日経』）の朝刊に〇五年日本国際博覧会（愛称＝愛・地球博、略称＝愛知万博）の全面広告と特集記事がいっせいに登場した。

いずれも、全面広告の経済産業省の政府広報には、「愛・地球博」名誉会長に就任した小泉純一郎首相の写真と共に、「この美しい地球と子供達の未来を『愛・地球博』で一緒に考えてみませんか」という首相メッセージが並んでいる。

一方、別ページの見開きの特集記事は紙面の上段を占め、愛知万博を紹介するものだったが、片面の下段は「トヨタ自動車」の広告がセットになっていた。

トヨタ自動車といえば、〇三年度は経常利益一兆円を突破した世界に冠たるマンモス企業。広告宣伝費も毎年約一〇〇〇億円を注ぎ込んでダントツの一位。マスコミや代理店にとって、もっとも大切な広告主である。

この愛知万博特集、記事の中身はさすがに各紙違うものの、政府やトヨタの広告とセットになっていたためか、万博に対する批判的な視点は皆無。「大政翼賛会的」と呼びたくなる横並びの紙面づくりだった。政府・トヨタ・新聞に、こんなことを仕掛けられるのは日本最大の広告代理店・電通しかいない。

大手紙関係者は内情を説明する。

「万博は今の時代、話題にならない。愛知万博にも地元の『中日新聞』以外は、積極的じゃなかった。当然、報道も少なく、むしろ『環境破壊』といった記事まで出る始末です。別名、トヨタ博といわれるくらい、カネも労力も費やしているトヨタ自動車はこれに慌てた。電通に『なんとかしてくれ』と頼んだのでしょう。〇三年秋以降、電通が猛烈に動き出した。博覧会協会やトヨタを中心にした関連企業の広告を〝エサ〟に、各新聞社を巻き込んだのです」

その甲斐あって、全国紙は万博協会に協賛金まで出す愛知万博の「応援団」となったというわけだ。これについて電通は「大手新聞社に協賛をお願いするのは博覧会協会で、電通は働きかける立場にない」と言う。しかし五大紙から批判的記事が消え去ったのは紛れもない事実だ。

ある大手紙記者はこう語る。「わが社も博覧会協会に協賛金を出し、後押しする立場になりました。現場ではこれが決定的でした。現在はトップの方針として、批判的な記事を書かない記者を万博担当にする人事になっています。批判記事を出す、出さないの押し問答が起きないように予防しているというわけです」

別の記者も「いまや現場記者がもっとも嫌うのが万博担当なのです。批判的な内容はタブーで、出展内容をヨイショする記事を出すことが至上命令になるからです」と話してくれた。

「トヨタ自動車博覧会」

愛知万博は、〇五年三月二五日から九月二五日までの半年間、「自然の叡智」をテーマに「長久手会場」（長久手町と豊田市）と「瀬戸会場」（瀬戸市）の二カ所で開催された国家的イベントだ。

会場面積は一七三ヘクタール。当初予定では五四〇ヘクタールであったが、二〇〇〇年に地元「海上の森」の環境破壊が問題化したため、三分の一の規模に削減された。それでも総事業費は一九〇〇億円（建設費一三五〇億円、運営費五五〇億円）。最終公式来場者数は二二〇〇万人であった。

ちなみに千葉県のディズニーリゾートでも年間来場者数は約一二〇〇万人。それを半年間で一〇〇〇万人上回ったのだから、まさに国家的イベントだ。

だがその実態は、電通が黒子役を務める「トヨタ自動車博覧会」に近いだろう。博覧会協会の会長はトヨタ自動車名誉会長であり、経団連名誉会長でもある豊田章一郎。トヨタから博覧会協会に派遣された社員は関連企業を含め一三人にも達し、資材調達グループ長や国際・財務本部本部長ポストなど要職も押さえている（「平成一六年度協会事務局人事組織」より）。トヨタと自動車工業会のパビリオンの展示を請け負っているのはもちろん電通だ。

一方、愛知万博の地元・名古屋市にある「電通中部支社」では、出村祥雄本部長から「いよいよ来年に向けて万博と中部国際空港の開港という二大プロジェクトが進行中だ。今私たちは、たくさんの可能性、活力の中にいる。しかし、関わらなければ意味がない！」という檄が飛んだ。

今回の万博で電通は、博覧会協会の部課長級のポストに本社から五人の社員を送り込んだ。「環境」と並ぶテーマである「ＩＴ」のコンテンツ製作（費用は五〇億円）をＫＤＤＩとＮＴＴとの三社ＪＶで請け負ってもいる。

また、愛知県や名古屋市、社団法人・日本自動車工業会など主要なパビリオンの展示を八館ほど手がけ、開催中に会場内で開かれる「こども環境サミット」の仕切り役にもなっている。

博覧会国際事務局（ＢＩＥ）の登録後、豊田章一郎が最高顧問として招いたのは、二〇世紀型万博を担当してきた旧通産省ＯＢで、大阪万博を企画した〝博覧会男〟堺屋太一。その堺屋が補佐役に指名したのは電通のスター社員だった㈱ノゾムドットネットの吉田望。

だが、その堺屋は〇一年六月二九日に最高顧問を辞任してしまう。「万博は興行だ」と公言してはばからない堺屋の用地拡大案や鉄道直接乗り入れ案などが否決されたためだ。表面上、環境博を謳っている以上、露骨な経済開発型の堺屋流はいまさら実現する余地もなかった。

万博のプロデューサー陣には、総合プロデューサーとして大阪万博や沖縄国際海洋博覧会、つくば科学博覧会と日本で開かれたすべての万博に電通と二人三脚を組んできた「環境デザイナー」泉真也とともに、建築家の菊竹清訓、木村尚三郎静岡文化芸術大学学長とお歴々が登場。チーフプロデューサーには国鉄民営化も手がけた元電通嘱託のＣＩプランナー福井昌平ら三人が就いている。

また理事には、通産官僚出身の福川伸次電通総研社長（当時）が、㈳日本イベント産業振興協会会長という肩書きでひっそりと名を連ねる。

大阪万博時代から万博の舞台裏を知る岡本敏子・岡本太郎記念館館長（当時、故人）は「当初の計画では隈研吾や中沢新一と若い学者が参加していたが、気がつけば自然の中で万博を開くという無理な話でスタートしてしまった。今の時代に合った哲学がないと、万博などは成功しないものです。その結果、博覧会というより電通のイベントの一つになってしまった。それも万博よりスケールが小さい、イベントの一つ」と指摘する。

タックス・イーターたち

ところで〝電通金太郎アメ説〟というものをご存じだろうか。日本中で開かれたイベントの舞台裏をのぞくと、必ず電通の影があるというもの。実際、電通は一九七〇年の大阪万博から九〇年代の長野オリンピックに至るまで、各種イベントで黒子として動いてきた。

七〇年の三月一五日から九月一三日、国を挙げての大祭典、万国博覧会が大阪・千里丘陵で開かれた。万博協会が使った建設費だけで五二二億円、道路、鉄道、空港、港湾などの万博関連公共事業、中国縦貫道の整備などを合わせると約八〇〇〇億円という莫大な金が投じられた。

今回の愛知万博でも会場に通じる「空の窓口」となる中部国際空港や第二東名などのインフラ整備がセットになっている点は同じである。

丹下健三、岡本太郎から横尾忠則まで新進気鋭のクリエイターを起用して一挙に世代交代も図った。

「一回やればノウハウが蓄積されます。そうすれば次に大きなイベントがあった時には、もちろん他の代理店はノウハウがないから、実績のある電通さんにとなる」（電通元幹部）

その後も電通は七五年の沖縄海洋博、八五年のつくば科学博と、次々に、国際博を独占的に手がけていく。一方で神戸博（神戸ポートピア）の成功を皮切りに地方博なども手がける。こうして「葬式から五輪まで」といわれる電通のイベント神話が形成されてきた。

だが、そのイベント神話も大きく揺らぐ。九六年、東京都市博の中止だ。これを東京都知事選の公約に掲げていたタレントで元参院議員の青島幸男が当選。電通は一二のパビリオンのうち七つに二五〇億円の売上高を見込んでいたのが、ふっとんだのだ。専従で送り込んでいた二〇人の社員も無駄になった。

本来、愛知万博は市民参加の環境博のはずだった。それがなぜ、「環境破壊博」になってしまったのか。そこにも電通の影がある。

二〇〇〇年一月、BIEの議長が環境問題に懸念を示していることを地元の『中日新聞』がスクープした。国際博開催のお墨付きを与えるBIEが、環境問題解決というハードルを突きつけたのだ。これを受けて愛知県と博覧会協会は、学識経験者や環境団体代表らがメンバーの検討委員会を設置。数カ月に及ぶ激論を経て、会場規模を縮小する案がまとめられた。

BIEも縮小案に合格点を与えた結果、愛知万博は二〇世紀型とは違う、二一世紀型万博として誕生することになったのである。

しかし、当時、万博検討委員会の委員長を務めた中京女子大学学長の谷岡郁子は、「市民参加の環境博」という新しい枠組みはBIE登録を通すための手段と化してしまい、古き二〇世紀型の万博に戻ってしまったと振り返る。

「愛知万博は、電通に代表される広告代理店の効率主義や集客主義に押し切られました。協会の役人の責任も大きい。新しい万博のワクを理解せずに、広告代理店に丸投げする無難な道を選んだからです。

その結果、広告代理店は博覧会協会と市民の間に入る〝ダム〟のような存在となりました。ダムの内側には水が溜まっているが、外には一滴も流さない。マンモス調査団の派遣や有名芸能人を呼ぶのには予算がたっぷり使われる一方で、市民には交通費も資材費も出ない。市民参加事業の予算額も教えてくれず、決定過程に関与することもできなかった」

結局、電通はトヨタなどのタックス・イーター（膨大な税金を消費する存在）にとってはイベントを格好づける便利屋だが、国民にとっては公的資金流用の手助けをする「納税者の敵」なのではないだろうか。

だが、電通広報はこう反論する。

「愛知万博は正しい手順をもって招致して、認められた国家的事業だ。博覧会協会も新聞社も電通も『万博を成功させよう』『万博に向かって一体になって進みましょう』という意見で一致。この中で電通のスキルやノウハウを活かしながら、協力をさせていただいている。厳しい批判も出ているが、愛知万博は環境博だと思う。会場の場所が自然の中にあり、都市型の博覧会とは違う。人が集まる万博には交通網のインフラ整備が必要という基本的な点は同じだが、インフラ整備の規模は違うだろう」

前出の岡本敏子は最近の万博にこうも嘆いていた。「万博は儲かるからといって、やるべきではない。岡本（太郎）の担当したテーマ館プロデューサーは実は引き受け手がいなかったんです。計画の途方もなさと、体制側のイベントということでなり手がいなかった。そこへ通産省（当時）の担当者が頼み込み、岡本も太陽の塔のイメージが湧いて、面白いじゃないかと引き受けたんです。それこそみんなが命がけでやりました。でも、その後の万博はどれも、哲学も命をかけるアーティストもいない。これでは盛り上がるはずもありません」

column 『噂の眞相』、「2ちゃんねる」を訴えた電通社員

繰り返すまでもなく、電通の本業は、広告業である。しかも、電通単体の年商は世界一を誇る。

ところが社会正義、企業倫理、社員モラルという面では、これまで指摘してきたように、「世界一」というイメージからほど遠い。それがためか集団強かん事件を引き起こした早大生のイベントサークル「スーパーフリー」事件でも、ネットの世界を中心に電通（社員）の名前が取り沙汰されていた。

二〇〇四年、その一人が、メールマガジン『サイバッチ』の編集・管理人、『噂の眞相』（〇四年三月に休刊）発行人、『週刊特報』（洋泉社）発行人、ネット掲示板「2ちゃんねる」管理人、ヤフー掲示板に書き込みした人物などを相手取り、名誉毀損による損害賠償請求訴訟を起こした。その理由について、訴状には、こうある。

〈原告（訴状は実名）は、大手広告代理店電通の社員であり、早稲田大学の「スーパーフリー」が引き起こした集団レイプ事件に関与したと虚偽の事実を摘示され、個人情報を開

示され、名誉及びプライバシーを侵害され被害を受けた被害者である〉

ここでは原告をXと呼ぶことにするが、被害を受けたと主張する時期、すなわち各被告メディアに書かれた時期は、〇三年六月〜同一二月。実名を出されただけでなく、写真まで公開された。

また、『週刊特報』（〇三年一二月一二日号）は、「ネットウォッチャー」の話として次のようなコメントを載せた。

「（Xは）スーフリ人脈を使って、上司や同僚に女子大生をあてがったりしていた。クビにしたら何を話されるかわからない、そんな危機感から、いまだに彼の上司はクビにできずにいるらしい」

こういった掲載内容が、事実無根だとすれば、たしかに名誉毀損になろう。しかし、一年近くたってからの提訴では、少し遅すぎるのではないのか。Xの代理人である武井共夫弁護士は、こう語る。

「原告（X）は、『スーパーフリー』のメンバーではありません。提訴の時期は、被告がいっぱいいるので、その辺で時間がかかったのでしょう」

そうだとすれば電通が、「スーフリ汚染」などと書かれながら、沈黙しているのは不可解だ。しかも、その沈黙の裏では、Xに「停職三〇日」の社内処分を下していた（〇三年一〇月二〇日号）。その「理由」は、辞令にこう記されている。

「社外の私的なパーティの開催に日常的に関与し、勤務時間中にESQシステムによりその実施に関連したメールを頻繁に送受信していた。その際、「電通」の社名を無断使用した告知文を、業務用アドレスで送付するという、（中略）軽率かつ危険な行為を繰り返した。（中略）月刊誌に、電通社員とスーパーフリー事件との関連についての記事として取り上げられ、社の社会的信用を大きく損なった。また、入社前に（X）社員は、役員をしていた会社について、入社後もその整理ができておらず、本年（編集部注＝〇三年）六月まで社が禁じている兼業の状態にあった」

これが事実であれば、社員の不祥事であると当時に、電通自身のスキャンダルである。

第9章
永田町との深い関係

「小泉首相にワン・フレーズ・ポリティックスをアドバイスしたのは電通と聞いています」

広告業界関係者はさらりと言って、こう続けた。

「小泉政権が誕生した二〇〇一年に、小泉さんと電通トップとの一席が設けられ、そこで電通トップが広告業界の話をしたというのです。

クライアント(顧客)は一五秒のコマーシャルの中でいろいろなことを言いたがるが、『ワン・コマーシャルでワン・メッセージでないと伝わらない』と言っている、という内容で、これを聞いて小泉さんは、多言を弄するのではなく、ワン・メッセージで端的に言う大切さを悟ったというわけです」

「改革」を旗印にスタートした小泉政権は、「自民党をぶっ壊す」「聖域なき構造改革」などのキャッチフレーズを連発、驚異的な支持率を記録した。自由民主党本部内にプリクラが置かれ、携帯電話ストラップまで販売された。そんな小泉人気の原動力になったワン・フレーズ・ポリティックスは、電通トップの助言がきっかけというのだ。

政治評論家の森田実は『月刊日本』(〇三年一一月号)でこう指摘した。

「小泉氏は、実は二年前の春の自民党総裁選で、某広告会社にプロジェクトチームを作らせ、総裁選戦略を研究させた。彼らは米国型のメディア活用方法を取り入れた。広告会社から提案されたのが、例の『自民党を変えます』『日本を変えます』『構造改革なくして景気回復なし』という、すべて一五秒以内のスローガンの羅列――つまり、ワン・フレーズ・ポリティックスの手法だ。この『ワン・フレーズ・ポリティックス』の手法は、商品を売る広告テクニックを政治の世界に利用したということだ」

森田の指摘と業界関係者の話は、ぴたりと重なる。

また民主党の中堅国会議員に、この森田の指摘を伝えると、「某広告代理店は電通。小泉首相に電通がアドバイスをしているのは広告業界では有名な話です」との即答が返ってきた。

だが、「電通があたかも国家的陰謀に関与してきたかのようなイメージは、電通を実体以上に見せる効果を与えてきた。電通もそれを知っていて、あえて否定も肯定もしないでいる」（電通ＯＢ）という側面もある。そこで、電通に小泉首相への助言について問い合わせたが、「ノーコメント」（広報室）だった。

電通との結びつきが強い政治家は小泉首相に限ったことではない。

長年、永田町ウォッチングを続ける記者は「電通が自民党との関係を深めたのは田中角栄元首相の時代です。それ以降の総理大臣で電通が会っていない首相はまずいないでしょう」と話す。

東京都知事選が最初

一九七二年、田中角栄内閣成立直後に、電通の第九連絡局（現・第九営業局）が設置されたと電通に関する複数の文献に書かれている。第九連絡局とは、自民党や官公庁、政府系機関をメインスポンサーに持つ社内の営業部門である。

多数の官公庁や旧政府系機関のＣＩ（コーポレート・アイデンティティ）戦略を電通は手がけてきた。ＣＩ戦略は企業などが自己の姿を再認識し、自己表現して、望ましい形で社会の中に位置づけようとするもの。ＣＩ戦略を手がけることは、官公庁の多くの人間と関係を結び、内部情報を得ることにつながり、両者の関係も密になる。実際に、「国会や官庁でバッジをはずして闊歩する電通の社員をずいぶん見かけた」と、長年霞ヶ関で働いてきた政党関係者は語る。電通は中曽根政権下で実施された日本国有鉄道（現・ＪＲ各社）などの大規模な民営化計画のＣＩ戦略を担当している。

一方、自民党と電通の関係だが、実は美濃部亮吉と秦野章の争いとなった七一年の東京都知事選挙で本格的に始まると言われる。このとき電通は自民党が推す秦野陣営の選挙活動のいっさいを引き受けた。テレビ、スポット、新聞広告、ポスター、チラシとまさにモノを売るようなＰＲだったという。

このときの、秦野の公約の一つが「地震に強い東京の街づくり」であり、「とにかく地震に強い東京をアピールしろと言われた」とＰＲ合戦に関わった人物は語る。「これが、電通の政治関与の始まりだ」

だが秦野は落選。この選挙敗北の名誉挽回のため、翌年に第九連絡局ができたという。

それ以降の自民党と電通の深い関係を証明するのが、人的つながりだ。平井卓也衆院議員、中山泰秀衆院議員、故・塚原俊平元郵政相などはいずれも世襲議員であり、電通に社員として籍を置いていた。後述するが、中曽根康弘元首相も電通の現役顧問である。〇四年一月、帝国ホテルで盛大に開かれた恒例の電通年賀会にも、麻生太郎総務相（当時）や故・亀井善之農林水産相（当時）など同党の現役大臣がかけつけていた。

自民党政権に限らず電通は、時の政権にうまく食い込んでいる。

新党ブームを巻き起こした細川護熙元首相が熊本県知事（一九八三年から二期）の時、大蔵省（当時）のキャリア組（田谷廣明ら）とともに、電通から企画マンが出向していた。

細川は県知事になる前は、自民党に所属する世襲議員であった。当時、熊本県はテクノポリスの指定と誘致で大変であり、電通がこれらに尽力したといわれている。また、細川が日本新党を立ち上げるときにも電通が知恵を出したと言われる。

このように電通は地方レベル、国レベルに限らずに政策に関わって、商売に結びつけている。

小泉政権がぶち上げたタウンミーティング（国民対話）もその一つのようだ。担当室は内閣府大臣官房に置かれたが、電通が初年度のタウンミーティングの運営業務を随意契約（一般競争入札をせずに特定の社を指名）で請け負った。ある記者は、沖縄のタウンミーティングを取材に行って驚いたという。

「会場に入ると、電通のバッジをつけた会場係がゾロゾロいる。内容はというと、こんなものにカネをかける意味がわからなかったし、出席者の発言も対話というよりは陳情だった」

実は、このタウンミーティングの平均開催費用は、長野県の田中康夫前知事が一足早く始めた車座集会の六〇倍以上という破格の金額なのだ。

タウンミーティング批判

小泉政権発足から約半年後の〇一年一一月二二日、長野県庁。定例会見で田中康夫知事（当時）から痛烈なタウンミーティング批判が飛び出した。きっかけは『朝日新聞』記者の質問だった。「小泉内閣のタウンミーティング、開催費用が平均二〇〇〇万円で、全国一巡したことで一〇億円ぐらいかかっています。同じように車座集会という形で住民との対話を進めている知事の見解をお伺いしたい」

これに対し田中は「車座集会はおおむね三時間近くで、ほぼ四〇〇人から五〇〇人という方が参加。タウンミーティングは確か三〇〇人をいつも切るような方々で、どのようにしたら二〇〇〇万円かかるのか、逆に教えていただきたい。タウンミーティング室というのは職員の方のみで一九名から二〇名いらっしゃると思う。

そしてすべては電通に丸投げと呼ばれるに等しい形であって、にも関わらず私どもが（長野市でタウンミーティングが開かれた時の閣僚送迎用の）公用車や（翌日の新聞記事の）ファクス等も担当させられて二〇〇〇万ということは……。その内訳というのは、多くの市民の方が知りたいんじゃないでしょうか」と斬って捨てた。車座集会の開催費用は「約三〇万円」（車座集会担当の職員）。ただし、これには同行する職員の人件費（休日出勤手当など）や会場までのガソリン代も含まれている。
タウンミーティングの一回あたりの平均開催費用は次の通りだった。

各年度の平均開催費用
〇一年度　一八七九万円　随意契約
〇二年度　七六二万円　一般競争入札
〇三年度　一〇六一万円　一般競争入札
（注　二〇〇一年度のみが電通との随意契約。〇二年度、〇三年度は電通ほか）

一般競争入札をした年の平均開催費用は、電通が随意契約をした〇一年度の半分程度になっている。〇一年度も随意契約ではなく一般競争入札で行なっていれば、一八七九万円ではなく一〇〇〇万円前後ですんだ可能性が高い。とすれば、差額は一回約八〇〇万円以上、年間総額で四億円以上（〇一年度は五〇回開催）になる。大手代理店でマーケティングを担当していた人間は「約二〇〇〇万円で三〇〇人動員しているということは、動員単価は六〜七万円／人です。自動車や住宅のような高額商品でも、高くて三〇〇〇円／人。民間のクライアントなら、こんな仕事をする代理店は即出入り禁止ですよ」とあきれる。

この点について、タウンミーティング担当室は、こう回答した。

「タウンミーティングは、半年間で四七都道府県で実施するものとされており、緊急に準備に取り掛かる必要がある。さらに、毎週土、日曜日四カ所で同時に開催するというハードスケジュールが組まれている。このため、一定の実績のある業者との随意契約により、開催準備の迅速性を確保することが重要である。（中略）

株式会社電通は、支社、支店及び営業所を全国に持ち、『二十一世紀の郵便局を考えるシンポジウム（郵政事業庁（当時）主催・全国四七都道府県）』、『河川文化フォーラム（国土交通省主催・全国四七都道府県）』、および『市町村合併をともに考えるシンポジウム（総務省主催・全国四七都道府県）』など多くの中央省庁主催イベントの請負実績があり企画・運営能力についても業界内での評判が高い。

また、全国の八割（発行部数一七五〇万部）を占める全国地方新聞社連合会と業務提携をしており、開催地において、幅広い周知が可能である。以上のことから、請負先として電通を希望する」

ちょうど随意契約に関する質問主意書を出していた長妻昭議員（民主党）が反論する。

「（不正が続出している）社会保険庁を見てもわかるように、役所は随意契約を安易にやりすぎている。会計法第二九条は一般競争入札を原則とし、随意契約が許されるのは、緊急時などの三つの場合に限定している。

内閣府は、電通との随意契約の理由として『緊急に準備』と言っているが、これはおかしい。私が出した随意契約に関する質問主意書の答弁書には、緊急性が理由の随意契約の事例がリストアップされているが、ほとんどが災害復旧関係だった。タウンミーティングが災害と同じくらい、緊急性を要するとは思えない」

電通と随意契約しなければならない根拠は乏しいと言わざるを得ない。

〇四年九月、東京港区のホテルで開かれたタウンミーティングを取材したが、二時間のうち一時間三〇分は大臣たちが一方的に話すだけで、会場の傍聴者のほぼ一割は寝ていた。中川昭一経済産業相（当時）ですら「毎回思うけど段取りが悪い」と代理店側を批判していたほどだ。

選挙費用はブラックボックス

本誌取材班が各政党に選挙と広告に関するアンケート調査を実施したところ、自民党だけが「戦略上」の問題を理由に回答を全面拒否した。

また、新進党時代からのつき合いで電通東日本（当時、アド電通）に宣伝を依頼している公明党も「広告の数量や経費について、一切公表していない」と拒否。選挙関係費の一部は政党交付金に計上されているのだから、『官報』公表分くらい答えるのは納税者への政党の義務である。

民主党と日本共産党と社会民主党は企業名や費用を公開している。

〇一年に自民党は約一四五億円もの政党交付金を得ている。そこから三三億円の宣伝事業費が電通、電通東日本、博報堂、I&S　BBDOなどの広告会社に支払われている。しかしここから、選挙広告に使われた費用を算出するのは困難である。

一方、公明党は〇一年の参院選で政党交付金から三三億円を選挙関係で支出しており、アド電通には政党交付金から少なくともスポット媒体料（CM枠の購入代金）だけで約八億九〇〇〇万円を支払っている。またのぼり旗からTシャツまで選挙用グッズはすべて電通東日本が手がけている。

選挙は、広告代理店にとって、オリンピックなどのスポーツイベントに匹敵する収穫期である。

「選挙は政党との通常のおつき合いと違って、現金・前払いが慣行になっていると聞く。候補者が落選したら、とりはぐれてしまうからでしょう」（大手広告代理店社員）

小泉首相に近い自民党の山本一太議員が言う。

「広報宣伝と政策立案は両方必要。米国では政党が広報宣伝に力を入れるのは常識だ。自民党は遅すぎたきらいがある。（大統領選では二〇〇億円もかかったといわれている、との問いに）もちろん費用対効果は考慮する必要はあるが」

電通が本格的に永田町に食い込むのは、むしろこれからなのかもしれない。

column　終わりのない社内薬物汚染

社員が数年に一回、大麻や覚醒剤所持・使用で逮捕される一部上場企業はきわめて珍しい。その珍しい会社が社員約六〇〇〇人を抱える電通である。

新聞沙汰になっただけでもこれまで六人。告発をもとに逮捕された経団連事務総長の子息なども混じるなか、もっとも有名なのが、故・中西啓介元防衛庁長官の子息だろう。

彼は一九九五年の初公判で「うちの会社では当たり前の話。電通社内ではみんなやっているんだから」と発言。一方、弁護士も「職場に多数の使用者が存在し、深い罪の意識を持ちづらい環境にあった」と抗弁したのだから驚く。

そこで本誌は自らも体験者だったという元社員から社内薬物汚染の話を聞いた。

「実際、どの程度の社員がやっているかはわかりませんが、事件は氷山の一角であることは間違いないでしょう。あの会社は見栄の張り合いですから、若い社員が、遊び人気取りで俺はドラッグ（薬物）をきめてるぞという格好をつける。まあ、お馬鹿なんですよ。

シャブ（覚醒剤）は打たないなんて知ったようなことを言う社員は、まず確実にコカインをきめている。シャブは売買ルートに暴力団が絡んで危ないから、六本木辺りで外国人からコカインや大麻を入手してみんなで回したりしていました。コカインは頭がはっきりして、仕事の能率も上がりますから。

現行犯逮捕なんて、普通は考えられない。傲慢な社員も多いので、いろんなところでけっこう恨みは買っているはずです。おそらく、一緒に仕事したことのある人間にチクられて、警察に尾行されていたんじゃないでしょうか。結局、遊び方を知らないから、足がつくんですよ。

上のおやじ連中は、若い社員がドラッグをやっている実態をほとんど知らないんじゃないですか」

相次ぐ不祥事に、九六年、電通はモラル刷新委員会を設置する。そして社員啓蒙目的で一本の啓蒙ビデオが制作された。本誌はこれを入手した。

ビデオのタイトルは「代償の多いレストラン」。

ビデオはドラマ仕立てで、薬物使用の危険性を警告する内容となっている。怪しげなレストランに誘い込まれた男が、一時の誘惑からメニューとして出された薬物に溺れていき、給仕係からその支払い方法を告げられる。最終的に「支払いはあなたの未来をいただきます」という展開のビデオである。

ドラマ終了後、メッセージが続く。

「もし麻薬をやってみたいと思うなら、その意味をもう一度考えてください。電通社員六〇〇〇人の信用、生活、未来をあなた一人が奪うことになるのです。社会人として、企業人として、そしてあなた自身の未来のために今一度責任の大きさを問います」

ビデオの企画は電通モラル刷新委員会、監督・脚本は電通社員、監修は㈶麻薬・覚醒剤乱用防止センター。

電通は株式上場で社内のウミを出し切ったかのように一部では思われているが、二〇〇四年にも若手社員が逮捕されている。啓発ビデオに関わった関係者の虚しさはどれほどだろうか。

第10章
ブランド人材を買い漁る

「電通から人を取ったら何も残らない」――。

電通を世界トップ（単体での売上げ）の巨大広告代理店に仕立て上げたパワーの源は、電通が抱える人脈にあると言われている。「石を投げれば有名人の子息に当たる」と揶揄されるほど、政界や経済界のみならず、芸能関係者や文化人の縁戚関係者がいる。そうした社員の著名人ルートやブランドを利用し、大クライアントや国策イベントを手中に収めてきたのだ。

顧問は重鎮の宝庫

電通の華麗なる人脈図の片鱗をうかがい知ることができるのが、顧問の面々だ。証券取引法上、相談役や顧問は、職務等から見て取締役や監査役と同様に実質的に会社の経営に従事していると見なされなければ、役員にはならないと解される。このため公表義務のない顧問や相談役が外部に知られることはまれだ。

この顧問には、成田豊をトップに、副社長や常務経験者など、電通プロパーの重鎮たちが名を連ねている。だが、特筆すべきは、社外から吸引されたメンバーたち。まさに、人材の宝庫とも言えるお歴々だ。二〇〇四年度の顧問たちを見てみよう。

まず、中曽根康弘元首相の名前が見つかる。中曽根は、二〇〇三年一一月の衆議院選挙で完全実施された自民党の七三歳定年制に伴い、「北関東ブロックの比例代表終身一位」の名誉職を奪われ、引退を余儀なくされた。その後、この自民党元最高顧問はひっそりと電通の顧問に就任した。

そもそも中曽根は、広告代理店で言えば東急エージェンシーに近い政治家。東急グループの五島昇元会長が友人であるし、前野徹元社長も頻繁に電話をかける友人だった。一九八五年に中曽根が仕切った建国記念の日の祭典は、東急エージェンシーが手がけている。

そんな元総理が民間に天下り、しかも電通顧問とはなんとも奇妙であるが、道筋をつけたのは、第八代社長の木暮剛平（現相談役）と言われている。両者は群馬県出身で、いわば同郷のよしみで縁が深い。八五年九月四日、ホテルオークラで開かれた木暮の社長就任披露パーティーにも、中曽根は首相在職中の身で駆けつけ、華を添えた。だが、中曽根顧問就任に全国紙や民放は沈黙を決め込んだ。報じたのは、『週刊現代』（〇四年四月三日号）の一誌だけである。中曽根の働きぶりはどうなのか。電通社員によると、「会社に来た姿は見たことはないですね」。いったい顧問として何をやっているのか。この点について中曽根事務所は「引退後、世界平和研究所をやっている関係で、電通総研の顧問ということで引き受けた。報酬はプライベートなことなので答える義務はない」と回答している。

電通顧問には高級官僚の天下りも目立つ。

元通商産業省（現・経済産業省）事務次官の福川伸次もその一人。一九九四年、子会社の電通総研研究所長（〇三年に退任）との兼任で顧問に就任した。ちなみに電通総研の初代所長は、元通産審議官の天谷直弘。通産官僚の天下りが総研のトップを歴任した格好になっている。

「博報堂の大蔵ブランドに対抗するために電通は通産官僚を受け入れた」と社内の事情通は語る。業界二位の〝ライバル〟博報堂では、元国税庁長官の礒邊律男（博報堂相談役）、大蔵省（現・財務省）銀行局長の近藤道生（㈶博報児童教育振興会理事長）と大蔵官僚が二代続けて社長に送り込まれている。

さらに、〇一年に顧問に就任した金重凱之は、元警察庁警備局長。電通が手がけた二〇〇〇年の沖縄サミットの警備の責を担った人物である。古くには、皇宮警察本部長を経て、初代内閣広報官に抜擢された宮脇磊介も電通の顧問だった。関係筋によれば、「広告業の管轄省庁であり国際博覧会（万博）も管轄する通産省（当時）をはじめ、国策イベント警備など、業務上、関わり合いの深い警察庁・警視庁や防衛庁の事務次官、本部長・局長クラスの天下り指定ポストになっている」という。

〇一年の東京証券取引所上場に際しては、国際通で知られる日本銀行理事出身で元日本輸出入銀行副総裁の南原晃を社外顧問に迎え入れた。

他に注目すべき人物はピーター・ユベロスだろう。ユベロスは八四年のロサンゼルスオリンピックの組織委員会委員長であり、公式スポンサー制度をオリンピックに初めて導入して、スポーツビジネスに昇華させた人物である。メジャーリーグコミッショナー時代も電通とは縁が深かった。現在は米オリンピック委員会の専務理事を務めているスポーツビジネス界の大物だ。

ビジネスで関係した人物を、退任後は特に仕事もないだろう顧問に天下らせ年間推定数千万円の見返りを与える仕組みである。そこには電通が政府広報や国策イベントを集中的に受注している構図が浮かび上がってくる。

社外監査役も各界ににらみの利く面々だ。プロ野球騒動で〝敵前逃亡〟した根來泰周（日本プロ野球連盟コミッショナー）は消費者機構日本の初代会長に就任した。企業のアリバイづくりには最適な人物とも言える。元公正取引委員会委員長なので、「電通の一業種複数社制」「広告取扱いの寡占状態」問題にも力を発揮することになろう。

同じく社外監査役の摩尼義晴は電通のメインバンクである第一勧業銀行（現・みずほホールディングス）の元副頭取。また、島田晴雄は竹中平蔵総務相とともに慶應義塾大学では「政府寄り」の学者とも言われてきた。観光立国懇談会委員も務めている。

有名人子弟の囲い込み

これらエスタブリッシュメントの顧問や監査役は〝電通マンパワー〟の氷山の一角にすぎない。現に活躍している当人たちだけではなく、子息や親戚筋など、その周囲に張りめぐらされている電通の人材ネットワークにこそ、奥義があるのだ。

「最近は実力主義になっている」と代理店志望の学生向け就職セミナーを催している大手広告代理店社員は言うが、就職活動学生の間では、電通は通称「コネ通」と呼ばれていることも事実だ。

なぜ、電通は有名人子息の囲い込みに走るのか。電通ＯＢはその理由をこう語る。

「そもそも、大クライアントからの頼みは無碍にはできない。しかも、彼らがいる限り、クライアントとの関係は続く。また、各界の重鎮たちの子息を押さえておけば、将来、何かの役に立つこともあるかもしれない」

この談が示すように、電通は各界の重鎮の関係者を満遍なく獲得している。

子息が電通社員の著名人は経済界では、電通の大クライアントのトヨタ自動車の前会長で日本経済団体連合会前会長の奥田碩、キヤノンを国際優良企業に成長させた故・賀来龍三郎元会長、西尾信一元第一生命保険会長、故・高丘季昭元西友会長、藤井林太郎不二家社長、関本昌弘元セイコー社長、佐藤東里元日立製作所副社長、故・武市匡豊元エーザイ専務、田中伊織元日本航空取締役、龍宝高峰元レナウン宣伝部長などがいる。他にも、味の素、資生堂、花王、ＫＤＤＩ、東京海上火災、オムロン、太田胃散、新潮社、朝日新聞などからも社長もしくは幹部の子弟が入社している。

政界からは、平沼赳夫元経産相、野呂田芳成元防衛庁長官の子息や中山正暉元建設相の長男で現衆議院議員の中山泰秀、自民党の平井卓也も電通社員だった。ＮＴＴドコモ担当として手腕を発揮し、現在は、電通子会社のディーツーコミュニケーションズ営業統括部長を務める宝珠山卓志は、宝珠山昇元防衛施設庁長官の子息だ。安倍晋三衆院議員の妻・

昭恵も電通の営業局の社員だった。そもそも昭恵の父・松崎昭雄は森永製菓の前社長であるから、いかにも電通が好みそうである。

文化人では、松本清張や井上靖ら、〝文豪〟の息子。「四十七人の刺客」で有名な浅野内匠頭の家臣大石内蔵助の討ち入りによって暗殺された吉良上野介の末裔。公家や皇族関係者も多い。自称「皇位継承者三五位」という人物もいる。

また電通と取引関係にない老舗地方企業の子息もいる。

「公家系だとか、地方の老舗の子息なんて、仕事上は役に立たないけどブランドがあるじゃないですか」(電通元社員)。ようするに電通はブランド好きということらしい。

皇族関係者で最近、注目された電通OBは〇四年九月から靖国神社の最高責任者である宮司を務めている南部利昭だろう。南部宮司は一九五八年から八一年まで、電通で食品メーカーなどを担当する営業局の社員だった。南部宮司が第四五代当主を引き継いだ南部家は、今の岩手県がある盛岡藩の藩主である。

一年後輩だった電通OBは当時を述懐する。

「自分の家の財産を管理するために、会社を辞めるという社員がいた。さすがに電通でもそんな社員は希だからよく覚えている。世の中にはえらい金持ちがいるものだと嫉妬したよ」

南部家当主は地元では相変わらず「殿様」で、地元・櫻山神社の武者行列では馬乗りもする。また、南部宮司は昭憲皇太后（明治天皇の皇后）が大伯母に当たるなど、皇室との縁も深い人物である。その血筋から神社本庁の久邇邦昭大宮司（霞会館理事長）から靖国の宮司に推薦されたという。久邇大宮司も元皇族である。血筋やコネにこだわる社会は別に電通だけではない。

一方で、電通を飛び出す社員も多い。入社後、写真部に配属となり、会社でヌード撮影をしていたという「アラーキー」こと写真家の荒木経惟は約一〇年で電通を退社。労働組合で暴れていたという「美味しんぼ」の原作者の雁屋哲（本名・戸塚哲也）は、マーケティング部に配属となったが、わずか五年で退社している。また、カリスマＤＪのケン・イシイも、早々と退職しているという。

「芸大生というのも電通が好むブランドの一つなんです。美大の学生は芸術めいたことができると思ってうちに入社するんです。だけど、夜の銀座はおれたちのカネでもっていると思いたがる連中が支配する体育会系ノリの広告会社で、そんなことが実現するはずもない。五年くらい経てばさすがに気づくんでしょう。『何か違う』と失望して辞めてしまう

のは一つのパターンですね」（電通社員）

ただ、それでも退社する人間はごく一部である。ほとんどの社員が死ぬまで電通社員であり続けることを願い続けるという。その理由はやはり報酬の高さにある。

電通の平均年間給与は約一三〇〇万円（平均年齢三九・六歳。〇三年実績）にのぼる。ところが、電通の初任給は二四万円（〇四年度実績。地域手当二万四〇〇〇円を含む）。一部上場企業の中では恵まれているほうだが、群を抜いて高いというわけではない。なぜ、高額給与が実現できるのかと言えば、二年目で約四、五万アップという賃金カーブで上昇し続けるため、一般社員でも三〇歳半ばで優に一〇〇〇万円を超える水準に到達してしまうのだ。

「専務・常務クラスになると、何も仕事をせずに秘書と車がついて年収は四、五千万円に達すると言われる」と、顧問らと同世代の電通ＯＢは語る。

第四代社長の故吉田秀雄は給与水準の高さについてこのように述べている。「広告代理業は、どこに行っても頭を下げねばならない卑屈な仕事。そのプライドを支えるのは給料しかないのだ。（後略）」（『われ広告の鬼となりぬ』船越栄之介）

さらに、二年間の常勤顧問になれば現役時代の七割、退任後は五割の報酬が「生涯賃金」

として死ぬまでもらえるという。本人が死んだ場合は連れ合いが、現役時代の四分の一をもらえるという。それに年間三〇〇万円程度の厚生年金が〝おまけ〟としてつくわけだ。

二〇〇一年の株式上場後は、パンドラの箱の中にあった経営内容が白日の下にさらされるようになった。上場の際には、いわくつきの関連会社や人物の整理もされたという。

そして広告主の手前、新入社員の給与など、世間の目にさらされる部分の報酬を抑え、社内外の引退組には顧問を隠れ蓑に恵まれた環境を用意する。広告主の目を欺きながら電通人脈を拡大しているとも言えよう。

ある電通OBが淡々と語る。

「電通の最大の強みは人的ネットワーク。一人ひとりがそれぞれの人脈を持っていて、いざという時、それを最大限、利用する。このようなネットワークは他の代理店が今からつくろうとしても無理です。結局、このまま電通の天下は続くんでしょうね」

column 〝アッキー〟2度目の社会人デビュー

以下は、二〇〇六年九月二六日に安倍政権発足を受けての短いニュース記事である。私は『週刊金曜日』で「電通の正体」というキャンペーンを担当していたため、安倍氏の妻である昭恵氏の電通出身という経歴に注目した。そこで昭恵氏と同世代の電通女性社員に会い、当時の社内報『電通人』を見せてもらい、話を聞いたのである。この『電通人』は散逸したので、詳細は記憶によるが、確か『電通人』には新入社員が顔写真入りで1ページに二〇人くらいは載っていた。一九八四年といえばバブル経済真っ盛りである。昭恵氏は今二度目の「総理夫人」デビューをしている。出自と肩書きで生き続けてきた自分の人生をどう感じているのだろう。（平井康嗣・『週刊金曜日』前編集長）

一一月二〇日、安倍晋三首相のアジア外遊に同行した妻・昭恵さんを主婦向け時間帯の夕方ニュースなどは「アッキー　ファーストレディー外交」と持ち上げていた。一〇月八日、九日の首相の中韓歴訪で〝外交デビュー〟をしたアッキーは、アイスクリームが好物で酒を飲めない夫に代わって酒を飲み、地元と付き合ってきたといわれている。

そんなアッキーの最初の社会人デビューがこの写真（下）。一九八四年、大手広告代理店・電通に入社した松崎昭恵さん（当時）ことアッキーは、社報『電通人』で趣味は「スキー」「来年は優雅にヨーロッパあたりで滑れたらいいですね」とコメントを寄せている。

当時を知る電通社員によれば、「さすがに社内でも、新人がヨーロッパ旅行と書くか、とひんしゅく気味でした。昭恵さんの結婚式に出席したという女性社員は、ものすごい車が迎えにきたと驚いていましたね。専門学校を二年留年しているというし、（電通の）

松崎昭恵（東京本社・新雑局）
①東京都　②聖心女子専門学校英語科
③スキー　④スキーよりも雪かきに明け暮れた今年の冬。おかげですっかり逞しくなりました。来年は優雅にヨーロッパあたりで滑れたらいいですね。どうぞよろしくお願いします。

社報『電通人』1984 年 4 月 25 日号を見ると、女性新入社員は短大卒か専門学校卒ばかり。これは「男女雇用機会均等法以前だから」（電通社員）だそうだ。（撮影／筆者）

新聞局（当時は新聞雑誌局）は縁故が多いから、九分九厘、縁故採用でしょう。当時も宴会要員と呼ばれていましたよ」という。

大広告主である森永製菓の五代目社長令嬢である昭恵氏が、電通に入るのは当たり前。親の七光りは夫の晋三氏と同じ。履いている下駄も高く、格差社会の象徴のようなお似合いカップルかもしれない。

第11章

電通前史　テレビと広告に転機はくるのか

只野仁

電通巨大化の歴史は、日本の広告の歴史であり、テレビの歴史である。
いかなる宿命を背負ってテレビが生まれ、そのテレビと共に電通は生きてきたのか。
当時を知る関係者の一人がテレビ誕生秘話に迫る。

米国のジャーナリスト、デイヴィッド・ハルバースタムは自著『メディアの権力』で次のように書いた。

「テレビには記憶がない。過去に興味はない。過去は消え去るのみ。過去のフィルムの切り抜きを見せることもない。したがって、未来を先取りしようとするのは理の当然であった。何よりも速度を上げ、行動せよ」

立て役者・柴田秀利

昭和二八年（一九五三年）に誕生した民間放送のテレビは、工業国家への途を求めて苦しみあがいていた日本に多大の貢献を行なった。周知の通り、民間テレビ第一号は日本テレビ、初代社長は正力松太郎である。

虎ノ門事件の後、警視庁警務部長を罷免された正力は、当時小新聞に過ぎなかった読売新聞社を買い取り、事業的天才を発揮して、公称一〇〇〇万部のメディアに仕上げた。読売巨人軍設立は大変有名な着想だが、当時唯一の電波であったＮＨＫ（日本放送協会）ラジオの番組表を紙面に載せるという、その時の読者には驚きであったことを実行して、販売部数の拡張に成功した。

彼の遺伝子は、その後、彼の後継者をして「白紙でも新聞を売ってみせる」と豪語せしめる強力な営業の会社に育て上げた。その正力が、日本で第一号の民間テレビ会社の社長だったのだから、日本のテレビは正力が創ったという理解が一般であっても無理もない。

確かに、彼はテレビという鉱脈を早くから探り当てていた。しかしもし、柴田秀利という男がいなかったらば、日本テレビはもとより、日本におけるテレビの発足は、何年か後のことになったであろう。

NHKは間もなくカラーテレビが実現することはわかっていた。そのため、すでに技術的には可能なレベルにあったが、その時に開始すればよいと決めていた。

柴田秀利は、NHKの外信担当の解説委員であった。彼がその地位にあったのは、占領軍マッカーサー司令部の指令によってである。本来、彼は読売新聞社の社員で、かの読売大争議に立ち向かってその収束に功のあった頑強なる反共主義者。占領軍司令部に認知されたのは、それと「ゾルゲ事件」の真相を暴露する側の有力メンバーの一人であったことに起因する。

司令部は彼に外信という武器を与えて、組合に赤化の兆しのあったNHKに送り込んだ。

当時、外国からの情報を自由に取材することは、どの新聞社にも許されてはいないため、それは〝特権〟となった。

その中に、カール・ムントの構想がまぎれこんでいた。

ムントとはFENラジオ（極東ネットワーク）の創案者である米国上院議員であり、引き続きテレビ・ネットワークを西ドイツと日本につくろうと、上院への提案を準備していた。柴田は司令部を説得して軍用機に便乗し、ウェーキ島経由でワシントンに乗り込んだ。はじめムントは米国人の手でネットワークをつくり、米国人の手で放送するつもりだったが、柴田の説得で日本人によるテレビ会社の設立に同意した。

初対面の、しかも被占領国の一民間人のたった一度の会見で一八〇度の方針転換は驚くべき成功であった。柴田は回想録『戦後マスコミ回遊記』（中央公論社）で、

「テレビは文化なのだから、自国の人間の手によって行なわれるべきで、それでなければゆきわたらないのではないか」

と話したと簡単に書いている。だが「ゾルゲ事件」の関与についてマッカーサー司令部からの解説が行なわれていたことが、大きく作用していると思われる。ムントも負けず劣らずの反共主義者であったから、おそらく強い信頼感を柴田に対して持ったのであろう。

また、ムントは"AMERICAN WAY OF LIFE"（米国的生活スタイル）を日本人に見せつけるテレビの効用に気づいていた。これは後日、見事に実証される。ともあれ柴田はムントから、全面的な支援を受けることになる。ムントは柴田に質問した。

「誰がこの事業を率いることになるのか？」

柴田は正力のテレビへの野心をこの時知らなかったが、読売のリーダーとしての彼の実力は熟知していたため、ただちに言った。

「正力松太郎である。ただし彼は現在公職追放令によって、社会的活動を禁止されているので、これを解除して欲しい」

こうして正力の公職追放令は、解除された。これが支援の第一である。

第二は、ムントの後援企業であるテレビ受像機メーカーのＲＣＡから、技術、編成、法律に詳しい三人が、アドヴァイサリー・スタッフとして派遣されることになったことだ。ＲＣＡは当時ＮＢＣネットワークを傘下に置いており、この三人はその経験者であった。

そして三番目に、マイクロ回線を全国的に敷設する費用として、一〇〇〇万ドルの借款が合意された。この金額は当時の規模としては破格だった。

正力松太郎の名前で、丸の内の工業倶楽部に財界、マスコミ界の代表が招かれ、ＲＣＡ

からの三人のプレゼンテーションが承認された。テレビ局経営など未知の世界であるにもかかわらず、背後に米国の意向があることを察知していた代表らに異議はなかった。

電通・吉田秀雄との対立

こうして日本テレビ放送網㈱が誕生した。しかしこの名称は、実現した放送局の実態とは合致していない。何故なら日本テレビは、関東一円をエリアとする広域圏放送局ではあるが、正確にはローカル局だったからだ。

柴田の構想は、借款の一〇〇〇万ドルで全国的なマイクロ回線網を所有し、日本全国に日本テレビの支局を置き、ネットワークを形成するというものであった。

普通テレビネットワークは、ローカル局を系列化して作り上げる。このことは後に、日本テレビがネットワークでＴＢＳに遅れを取り、トップステーションの地位を長く手中にできないという、予想外の事態を生む。なにしろ、名古屋、福岡という主要市場に系列局を持たないのだから、ゴールデンタイムに放送する番組全部を、同時間帯に放送することができず、昼間などのセット・イン・ユース（受信状態にあるテレビの数）の低い時間に甘んぜざるを得なかったからである。

しかも柴田は、日本テレビの番組だけでは回線に余裕があるので、ＮＨＫを含めて後発局に、この回線を使用料を取って貸すことを考えていたフシがある。その上、マイクロ回線は軍事的にもレーダ網の接続、ファクシミリ通信など利用価値が高い。事実、当時から一〇〇〇万ドル借款の背後には、米国国防総省の後押しがあったという噂が流れた。

そして順風満帆であった日本テレビは四方向からの、一斉射撃にさらされることになった。

ＮＨＫ、電電公社（現ＮＴＴ）、社会党、新聞業界の四者には、それぞれの事情があった。ＮＨＫにとっては面子である。前に述べたように技術的準備は、でき上がっていた。従って第一号免許は、当然ＮＨＫに下ろされるべきである。日本テレビの場合、すべてはＲＣＡの技術、システム、器材を使用するので、ＮＨＫの生んだ国産技術も発展を阻害される。

しかしこの時点で免許を与えるのは「電波監理委員会」という民間機関であり、郵政省（当時）ではなかった。郵政省は事務局の立場で決定権はなかったが、明敏なる官僚はＮＨＫと組んで、激しく抵抗した。将来を見通して、テレビ事業の発展が実際に始まった時の布石を打とうとしたのである。結果的には第一号免許は日本テレビに、ＮＨＫは第二号になった。ただし、この決定があった直後、「電波監理委員会」は廃止され、権限は郵政省に移管して、現在の総務省に引き継がれ、放送事業は官僚の権益圏に移動した。

電電公社は、その頃やっと大阪・名古屋にマイクロ回線を敷設していたので、将来的な全国的、独占的体制の構築には絶対容認できない計画である。もちろん、郵政省も同一歩調。ただしそのマイクロ回線が不完全ながらもでき上がるのは昭和三〇年代後半であって、一〇年近い歳月を費やすのである。

議会では社会党（当時）が火の手を上げた。その理由は、一国の中枢神経ともいうべきマイクロ回線を、外国（米国）の支配下に置いて良いのかという点にあった。この論理は安保体制を支持する保守政党には使いにくい。

そして最後は、新聞業界からの反対である。ブロック三紙が先頭に立って、日本テレビ設立反対の声明が出された。彼らはすでにラジオ局を立ち上げていた。テレビは順調に発展しつつあったラジオにとって、恐るべき大敵であった。

こうした事態を俯瞰的に捉えることができ、誰よりも強い危機感を持っていたのは、電通四代目社長吉田秀雄だけであった。彼は日本テレビ創立五周年の「電通報」の特集号で、コラムに次のような談話を載せた。

大意は、正力の着想力、実行力を一応賞賛した後で、実は自分も同じことをラジオで実行した。その理由は日本が復活するためには、工業国家を目指すことが必須で、工業国家とは大量生産、大量販売が前提である。日本は大量生産が実現しても、大量販売の面で行き詰まる。その〝障壁〟となるのは、広告メディアの不足である。だから、民間ラジオ局を作った、と。

彼は未経験の領域への進出を渋る新聞社を説得して、ラジオ局を設立させた。現在でも先発放送局に電通の所有株が残っているのは、その名残りである。

その吉田にとって、日本テレビが出現したことは、自らの主導権に対する重大な挑戦であった。彼はラジオを選択するとき、米国におけるテレビも充分に研究したが、テレビ受像機の生産能力もなく、価格も、世界で唯一の生産国の、たとえばＲＣＡから輸入すれば、男子大卒初任給の一年分を超えるといった日本の実情から、テレビを断念したという経験を持っていた。

誰が反対したいかは、一目瞭然だった。柴田秀利は、反対陣営の参謀本部が、吉田秀雄のところに在ることをただちに看破った。こうして同じ思想を抱いていた二人の男は、決定的に対立する。二人の対立を如実に示すエピソードはいくつかあるが、その一つに五周年の時、電通から正力松太郎の胸像が贈られた贈呈式の席上、柴田は大声で「余計なことはするな」と罵った。

もちろん問題はこうした喧嘩ではない。問題は二人の対立が、経済至上主義という承認済みの国家目標に向かって延びる、同じ線上で発生した事態にある。

受像機を作らせろ

一方、柴田にはこういうことがあった。日本テレビ設立途上で、ＲＣＡの三人は次のような忠告をした。

「テレビ局は儲からない。儲かるのはテレビ受像機を製造する会社である。だからテレビ局をつくると同時に、その会社も始めるべきだ」

これはＲＣＡでの経験から出ている。傘下のＮＢＣではテレビ部門は、五年間赤字が続いた。親会社のＲＣＡは、それを認めた。理由は世界一のテレビ受像機メーカーとして、莫大な利益がそちらで上がっていたからである。柴田は同意しない理由を、こう説明した。

日本が工業国家として発展していくためには、高速道路、高速鉄道、航空機メーカーと航空会社などのインフラが必要である。しかし現在の日本には、それだけの資本蓄積はない。ただ比較的小資本で立ち上げられるエレクトロニクスの分野への参入が、可能かもしれない。現に日立、松下、東芝は立往生の状態である。日本テレビは、その機会を提供したいのだ、と。

そうなると、日本のメーカーが生産をゼロから立ち上げて、米国製より安い市場に出すまで、テレビをどうやって見せるのか。

その時、街頭テレビのアイディアが、三人の中の一人から出された。低開発国にテレビを普及させるＲＣＡの一員としての市場拡大策の一つである。

結果は大成功であった。力道山のプロレスを筆頭に、街頭テレビの前には黒山のような人だかりができた。日本テレビは放送開始後、七カ月で単月度黒字を実現した。広告媒体の力は、窮極は何人が接触するかであって、テレビ受像機の普及台数ではない。この時、社会現象化したテレビは、天皇家の結婚をきっかけにした目くるめく急速な普及の準備を終えていた。

消費者は本来、受動的なものである。己れの欲求は、実物を見せられて初めてそれと気づく。しかしこの時代だけは、消費者は学習を終え、己れの欲求を充たすための具体的な目標を知っていた。米国のネットワークテレビで放送された作品が数多く輸入され、ムントが気づいていたように"AMERICAN WAY OF LIFE"を知ったからである。

耐久消費財として一括されるものの中で、トップを切って売れ出したのはテレビ受像機である。洗濯機、冷蔵庫、掃除機は、それに「年」単位で遅れて売れ始める。一九五六年に電子工業製品の売上げは、日本は米国の二二分の一であった。それが民生用に限れば、九四年では日本は米国の四倍に達し、テレビ受像機の生産から米国は撤退した。柴田秀利の電機業界の蘇生――というより新生の計画は見事に成功した。

一方、ラジオ防衛戦に失敗した吉田秀雄は次の手として、ＴＢＳとそのネットワークを使って、日本テレビのイニシアティヴを退ける試みに挑戦した。その結果は日本テレビと東京放送の競争として、柴田対吉田の構図は引き継がれることになった。

ただしそこには、経済至上主義以外の遺伝子は、存在しない。競争は売上高のみを目標とし、そのために現代に引き起こされている幼児・青少年を含む社会への悪影響は眼中になく、存在もしない。テレビの発生と、そこから帰結される果たすべき役割の中に、社会への責任は組み込まれていなかった。

視聴率至上主義も必然的産物だ。視聴者は広告主のためにのみカウントされるから、実は視聴者は存在せず、消費者のみが対象となるからだ。しかも視聴率調査のサンプル世帯は守秘の壁に囲まれて、あたかも社会正義であるかのごとく守られている。その結果、調査の妥当性は検証不能である。ビデオリサーチが二〇〇四年の日本テレビ事件の時に、正義への侵犯として関係者への訴訟を考えたのも、反射的に起こした錯覚だ。

いったいこの五〇年間で、テレビに転機はなかったのだろうか?

一度だけあったと考えられる。それはゴールデンタイム、あるいは日曜日などの市場価値の高い時間帯から、米国ネットワークの番組(「パパはなんでも知っている」「逃亡者」など)が消えた一九七〇年に入ったばかりのことである。その時には、もはや、米国から学ぶことはないと、一般の大衆は考えたのだ。

それは工業国家の優等生であった日本に、転機が訪れようとしている頃であった。同時期に石油ショックが起こり、日本は世界でもっともすぐれた対応を示した。皮肉なことにこのパフォーマンスが、日本に自信を与え、政治・経済路線を不動のものにしてしまった。石油ショックの翌年後半からの売上げの急回復には、目を見張らせるものがあった。テレビ世界の拡大は、この期を境に一段階上昇したと考えても良いだろう。経済界全体の売上げ至上主義が、後押しをした。テレビによって急速に売上げは伸びる。企業のシェアを拡大するのには、テレビはこの工業化社会―規格品大量生産体制の最終段階にとって、最適の媒体だ。

この事態は、民間テレビ人たちに自信を与え、社会的に是認されるべきものとなった。そのためには視聴率至上主義も正当化されるのが当然であって、視聴率の上がり下がりが、放送局の売上げを左右するという現実は、大手を振って承認された。

テレビ赤字転落後の悲劇

しかし、テレビは近いうちに二度目の転機を迎えることになるだろう。理由は五〇年間続いた利益の時代が終わり、繁栄を謳歌し続けた東京キー局の中に赤字転落局が出現する可能性が出てきたからだ。赤字化の原因は、うんざりするほどある。地上波デジタル化の費用、BS放送の避けがたい赤字、多チャンネル化による媒体力の低下、番組の質的低下が招来する媒体価値低下……。

一方、少子高齢化、人口減少、投下総労働量の縮小などによって、人々は楽観的な将来の見通しを再検討し始めるだろう。無制限の成長への信仰は疑われるようになり、企業は市場の拡大について慎重な態度になる可能性がある。テレビ局に内在する赤字要因に加えて、テレビ広告費の増加は抑制的になると考えたほうが良い。現にこの五年間をとれば、広告費は一〇一・八％の成長に過ぎない（一九九九年〜二〇〇三年）。

もし過去の成功体験に依存したまま同じような傾向の番組制作を継続すれば、算術的には、ＢＳ放送の本格参入によってチャンネルは二倍、裏を返せば視聴率は二分の一、制作費は二倍。つまり四倍のテレビ広告費が必要となる。そんなには絶対増えない。

この事態を打開するためには、たった一つ、新しい編成目標を取り入れることしかない。それはメディアとしての信頼性の回復である。権力を批判する勇気ある報道と、知的に充実したドキュメンタリーが必要不可欠である。

だが、放送局単独では、この方向転換はできない。良くも悪くも電通の協力が要求され、協力可能な企業も電通のみであろう。そしてそれに追随する風土の醸成を期待しなければならない。その場合、電通はテレビによって得た膨大な過去の利益の一部を還元する覚悟が必要となる。テレビ局も、時に反権力的になることを恐れる必要はない。放送局に対する放送免許は総務省が与えるものではない。免許を与えるのは一般国民の同意である。いったい放送免許取消しが一省の権限に属するのだという神話は、なぜ生まれたのだろう。

ジャーナリズムによる勇敢な挑戦が、多くの経路を往きつ戻りつしながら、新しい日本のための解を発見しなければならない。たった一つのわかりやすい「解」はないのである。テレビは、ジャーナリズムの基本であるWATCH DOG、反権力を取り入れなければならない。日本人はそうなって、初めて自分たちに何が必要だったかをテレビから知る。

（只野仁 ただの じん・元大手広告会社テレビ局長）

第12章
対談　大下英治×佐高信
『小説電通』の作者が語る舞台裏

大下　このあいだ亡くなった本田靖春さんが「電通の秘密」という連載を『週刊文春』でやったのですが、当時、『週刊文春』の契約記者をしていた私もたまたま取材を手伝いました。でもいくら本田さんだって『文春』に電通のすごい秘密なんか書けるわけないんですよ。その時私は突っ込んだ取材をけっこうしたんです。

佐高　『文春』の広告は全部電通がやっているから、突っ込んだことは書けない。

大下　電通は週刊誌、テレビ、全部押さえているわけですから。『週刊文春』とて、やはり突っ込んで書けない。「電通の秘密」というのを載せるだけ大胆です。

佐高　それはいつ頃の話ですか？

大下　一九七七年です。私の取材原稿を書いて持って行ったけど、それがほとんど使われなかった。そうしたらネタ元の業界紙の連中とかが、「大下おまえ何しとるんだ、おれがあれだけしゃべったのに」と。

それからまもなく、月刊誌の『創』で「タブーを突く」という特集をやったんです。電通と鉄道弘済会の二本立てで、一本一〇〇枚シリーズ。一〇〇枚書いたけど、それでも書き足りないものがあったので、長編で『小説電通』を書いたんです。

佐高　読者のためにちょっと注釈を入れると、『文春』でやれないものがなぜ『創』でやれるかというと、『創』は電通に広告取りを頼んでないからですね。つまり大きいところは全部電通が広告を入れるから、電通のことは書けない。電通に関わっていないミニ雑誌のほうは書ける。

大下 そういう雑誌があったからこそ、スキャンダルが出てきた。総会屋連中もそういう雑誌を出していて、いろんなスキャンダルを暴いていた。会社の中の内部対立があったら、一方に頼まれ、もう一方のスキャンダルを金で外にバラしていくという形のものがあった。今は総会屋がそういう雑誌を持つこともなくなり、非常にすっきりしすぎちゃいましたね。

ある出版社が当時ビジネス小説のシリーズをやることになって、一発目が私の「電通」と、もう一本は株に関して兜町をえぐった作品の二本がまず第一回出版だった。

その出版社は男性週刊誌を出していたんですが、売れなくなったので、女性週刊誌に転化しようということになったのです。女性誌というのは男性誌以上に電通が絡むんです。

佐高 両横綱は資生堂とカネボウですね。

大下 そう。だから女性誌は一番圧力に弱い。それでいっぺんにその企画は潰れた。今度はB出版社から話があったけど、こちらも話が進んだら、やはりいろんな面で困ると。それで、もうこの小説は部屋の隅に投げてたんですよ。これはもう一生日の目を見ん子だと思ってね。
最後に来たのが三一書房だった。これは『週刊金曜日』の親戚みたいなもんだ（笑）。三一は左翼の雑誌だから、電通ともまったく関係ないし、むしろ資本主義の総本山は敵だから。それで三一で出したんです。

佐高　それまでに大下さんに対して嫌がらせはなかったんですか？

大下　ない。だけど、その時『週刊文春』の村田編集長の妻が電通の幹部だったの。それで私は覚悟したんです。本が出るのはいいけど、それと見返りに『週刊文春』を辞めることになる可能性があると。しかし村田編集長はそういうことを気にしなかった。結局それで辞めることにはならなかった。
出したときに『潮』に書評が載ったのですが、作家の天野祐吉が、電通の連中のよく行く飲み屋に行くと、大下っていうバカがいて、こいつはおっちょこちょいだからこんなことを書いてさ、いい気になってたらさ、飯食っていけなくなるのにね、今にツケが来るっていうようなことを言ってたと、そのまま書いていました。

週刊誌とせめぎあい

佐高　八二年に三越の岡田茂が愛人のアクセサリーデザイナーであった竹久みちに不当な利益を与えた三越事件の、先端ともいうべきスキャンダルを大下さんが初めて『週刊文春』で暴いたんですよね。

大下　七一年、岡田茂が専務だった頃、ある経済誌の人が、「大下さん、おもしろい話がある」というので話を聞きに行ったわけです。

われわれはいわゆるトップ屋ですからね。トップ屋は新聞に出ている記事をひねった企画を出すことは恥だと思っていました。我々は、一般の新聞には出ない情報を探し出して企画に出す。だから総会屋業界紙、ブラックジャーナリスト、暴力団、いろんないかがわしい連中も情報源にしていました。

もちろん『週刊文春』だから彼らの意図する通りには書きません。俎上に乗せた時に彼らの（言ったことの）反対を書くこともあるからね。それは新聞に比べて、ちょっと得体の知れない部分を持つのが週刊誌のよさだから。新聞社は週刊誌のようにスキャンダルは書きにくい。

佐高　調教が利いている。

大下　経済誌の人から「三越の岡田専務が、三越出入りのアクセサリーデザイナー竹久みちをパリ三越のオープンに会社のカネで連れて行き、他の出入り業者は、岡田の愛人の竹久の機嫌を取っていた。そのことを労組に追及された」と聞いて、これを元に取材をした。いよいよ記事にするという時に、Sという電通の幹部から後に聞いたことだけど、あの時も岡田がすぐ泣きついたそうなんです。

ところが、これも電通の微妙なおもしろさだけど、Sさんは「岡田が泣きついてきやがったんだけど、電通に対して岡田があんまり生意気だから、ちょっとこいつは、お灸据えたれ」って言うんです。

結局最後は文春の幹部が出てきた。それでラストの三行か四行が変わりました。『週刊文春』の優秀なのは、どこをどう変えたとか、そういうことを筆者に教える点ですね。普通の週刊誌はおそらく筆者に言わずに勝手に書きかえます。

佐高　宣伝出身だから、岡田は電通を下に見たわけね。

大下　そうそう。だから電通にすれば自分たちは大帝王だけど、大帝王ゆえに、生意気な輩はもっと腹が立ったわけです。しかし、本当の事件になった場合には電通といえども名前を消せないんです。スキャンダルの段階だと動ける。名前を隠したりするのです。

某家電メーカーの九州販売で、そこの重役が未成年の女の子をマンションに囲って、そのマンションから女の子が飛び降りちゃったんです。死んでたら事件になったのですが、死ななかった。

それを私は記事としては社名も個人名も実名で書くわけだよね。それから最後の詰めの段階で、電通は社名は出すなというんです。そういう、まず会社名は出ても本人はAさんじゃなくて、たとえばイニシャルMYにするかとか相談するんです。

会社名も、その時は「ある家電メーカー」もダメになった。そのメーカーのイニシャルもダメ。類推できる。最終的には電機メーカーAだったのかな。その辺の表現も、スキャンダルを書かれる企業から言わせると電通の腕の見せどころなわけです。

佐高　圧力があったのはそのメーカーで有名だった副社長がいたからでしょう。

大下　そうです。これは電通とは関係ないんですけど、広告代理店の中には発売前のゲラを手に入れているところがあるんですよ。たとえばある週刊誌の発売日が木曜日だとすると、火曜日の夜に原稿が刷り上がる。すると、火曜日の夜に製本前のゲラが広告代理店に流れているのですよ。水曜の朝とか。ゲラを取りに来る人がいました。きっとカネになるんでしょうね。

佐高　でも編集者は渡せないでしょう。

大下　いるんですよ、渡してしまう編集者が。まあ、それはある広告会社の話だけど、おそらく電通にはその前に、誰かが取りに来なくても渡ってると思います。

佐高　高杉良さんの小説『乱気流』に出てくるけれども、日産自動車が広告代理店を電通から博報堂に変えた時、電通から仕返しされるんだよね。そのとき日産の塩路一郎（当時労組委員長）は手記を『月刊文藝春秋』に載せた。大手経済新聞の記者が間に入ったんですよ。

人脈と金の名操縦士

大下　電通はもともと日本電報通信社といって、これが要するに通信部門と広告部門の二本柱を持つ会社だったんです。この広告部門が結果的に電通になっていくわけですが、電通そのものが軍部の中国侵略と歩調を合わせて中国市場をほぼ独占していったのですから、国家戦略と一緒なんです。

だから戦後ＧＨＱのときに軍部ファシズム政権に協力したとして、公職追放指定会社になりましたからね。電通にはそういう体質が今も受け継がれています。

もう一つ言うと、電通は、戦後に旧満鉄の連中、旧軍人、満州浪人、海外引き揚げ者。そういう人たちを全部集めた。だから電通の人脈はすごいんです。その中に、ジャーナリズム界のパージにあった大物を集めた会である旧友会の石井光次郎とかいましたしね。

佐高　これはおもしろかったね。

大下　石井光次郎はパージが解かれ政界に復帰し、石井派の領袖となるわけだから。そういう人間をみな率いていたというところは、やっぱり、偉いと言ったら偉い。

佐高　それで「旧友会」のメンバーは『朝日』とか『毎日』の社長になっていきましたね。高石真五郎（元毎日新聞社社長）、正力松太郎（元読売新聞社社主）。

大下　有名人の子ども、子弟を社員に入れ、有名人を取り込むのがすごいね。こういうのが役に立つんです。とは言うものの、これができるというのは、やはり儲けてる余裕。それはそれで、電通というのは人脈を重視するのは、やっぱり鬼十則の吉田秀雄によるところが大きいのかと。例の一業者多社制度を貫く問題もそう。だから電通が世界一であり得る。

佐高　つまり米国流に挑戦広告をやられたりすると困るわけだよね。電通は松下も日立も抱えているわけだから、その中でけんかされたら困る。

大下　だから、それを電通の息の掛かった評論家たちが、「米国では挑戦広告をよくやるが、日本においてはまだ時期尚早だ」という意見を言って世の中の流れを作ってきた。

一業者多社制がこれだけ崩れないでいるというのは、ほかの会社がだらしないからですよね。吉田秀雄が言ったのかな。「いいよ、うちも一業者一社制にするよ。それで、他の広告代理店でちゃんと他の企業の広告の面倒を見ることができるの？」と。しかし、博報堂と何社かはどうにかできそうだけど、あとの会社はできないんじゃないですかね。電通が大きすぎて、よそが媒体も満足に取れないわけです。

しかし、わかりませんよね。電通は今はテレビの地上波で稼いでいますが、その地上波も崩れつつありますからね。ケーブルテレビが広がってきている。全部の地上波を押さえたって追いつけなくなる。電通のテレビでの絶対的支配の崩壊というのがやがては来ると思う。

佐高　最近、テレビ局の人間に聞いたら、電通の丸抱えの放送というのは「ニュースステーション」（テレビ朝日）が最後だったんじゃないかと。特にＴＢＳは電通に関しては弱いわけだよね。昔は何か事件が起こったらＴＢＳの人間が電通に行って報告していたのだけど、今はそれが逆になってきていると。

大下　もう一つはお金。全国の電通のビルは、全部といっていいほど自社ビル。その地価が全部上がって、電通はそれでお金をものすごく儲けたわけです。そのお金の豊かさをもって何をしたかというと、戦後、新聞社が経営的にきつかった頃、広告を出す手伝いをした。企業から新聞社への広告代金は全部手形だったのですが、それを電通が自分で割って、現金を新聞社に渡していた。時には電通が新聞社に前借りまでさせていたそうだ。

佐高　電通は大型マチ金だったと言えますね。

大下　まさに資本主義の総本山。資本主義を一番知っているのは、広告会社なんですよ。

佐高　戦略産業だから。

大下　そういう面で言うと、普通の企業より確かにいろいろ進んでいたしね。もう一つ言うと自民党。

政治の背後にも

佐高　この小説でもその部分がおもしろかった。第三〇回総選挙のところ。

大下　五二年の一〇月一日に自由党が総選挙で、なんとしても勝たなきゃいけないとなった。そのときに選挙対策したのが電通なんです。電通にとって初の政党広告をこの時出している。電通は自由党の担当者と政策を一〇に絞って、「政局の安定」「明るい生活」「栄える国家は自由党で」というキャッチフレーズをつくって、自由党一〇大政策を載せた広告を全国紙に載せて見事に勝つんです。

だけど、六三年の第三〇回総選挙のときに電通の座が崩れかけた。それは幹事長だった前尾繁三郎が博報堂扱いにしたからなのですが、電通は池田勇人首相に信望のある大平正芳に連絡を取って、彼を通じて池田首相から今回の選挙広告も電通扱いにするという鶴の一声でひっくり返した。

安保の時も、当時『朝日』や『毎日』は、安保を進める岸を「ひどい、ひどい」と言っていたのに、樺美智子が死んだ後に、パッと手のひら返したように、全マスコミが七社共同宣言で態度を変えた。

これも電通が後ろで動かして絡んでいる。吉田秀雄が財界四天王や産経の水野成夫（元社長）まで加わって、マスコミ懇談会というのを組織してそういう流れを作った。吉田秀雄は日本の政治まで動かした。共産主義になったら電通は壊されちゃうから彼なりの信念だったのでしょうけど。

佐高　国鉄（現・ＪＲ）の分割民営化のときに、国鉄は電通に宣伝を頼んだのですが、国労も電通に頼んでた。

大下　それはやばいね。

佐高　同じところに頼みますかねえ。さっき話に出た〝一業種多社制〟と一緒だよ。

大下　そう、一緒。もっと悪い。

佐高　マッチポンプを一つの会社でやるわけだから。

大下　契約社会の米国と違って、神も仏も一緒になる、どこか日本人の中のルーズさなのかな。

七三年に立花隆さんの田中角栄（元首相）金脈追及問題がありましたね。『田中角栄研究』のね。それより前に電通が自民党に対して、「自民党広報についての一考察」というプレゼンテーションを行なっている。そのときのハイライトは要するに新聞や電波関係の記者とは平河クラブを通じて結ばれているから大丈夫だけど週刊誌は気を付けろと。

石井光次郎はパージ時代、「旧友会」メンバーとして電通に関わっているわけだが、政界で活躍していた彼のところにも電通から秘書を出向させている。大平幹事長のところにも、電通から私設秘書を出向させていると言ってる。

だからさっき、前尾繁三郎が第三〇回の総選挙を博報堂に仕切らせようとした時に大平が電通にドンデン返すじゃない。やっぱり電通から秘書を送っているんだから。昔は秘書っていったら、そんなのは平気だったんだよ。「日本の首領」といわれた右翼・児玉誉士夫の秘書も中曽根康弘のところに秘書として行ってたくらいだからね。今から考えるとすごい話だよ。

そして電通は

佐高 電通は上場してから、ちょっと迫力がなくなってきたと言われていますね。闇の仕事師みたいなことをできなくなった。

大下 それはできなくなる。極端に言うと、西武グループの総帥・堤義明さんだって西武鉄道が上場されていなかったら何ら社会から言われることもなかった。

佐高 陰で政治家に億単位の金をやれていた。

大下 今はできないな。同時に政治家も、要するに裏金が動かせなくなっているんですよ。

だから社会がそういう意味で言うと、クリーンと言ったらクリーンだけど、迫力のないクリーンになってしまったんですね。

万博など政府のイベントは、ほとんど電通がやってるんですよ。そういうことは、これからもやっていくのだろうけど、広告代理店としての能力は必ずしも絶対じゃなくなる。サイバーエージェントの藤田晋社長が、電通の社員を何人か引っ張ってきたけど、ほとんどやめたそうだよ。元電通社員は、利益のパーセンテージをたくさん取ろうとする。媒体を買い占めて支配しようとする電通時代の体質も抜けなかったみたい。

佐高　小説に公正取引委員会の話が出てくるけど。

大下　本来ならやっぱり支配しすぎですよ。一業種多社制だって、本当は公取が論じなきゃいけない問題です。だけど現実に日本で電通も一業種一社制にすると、他の広告代理店に抱えきれない場合が多すぎる。公取は知っているのでしょうね。

（二〇〇四年一二月）

あとがき

日本にはマスコミタブー、つまりテレビ・新聞・雑誌などの報道機関が、取材の結果知りえた事実を報道することを忌避する、そもそも取材することを忌避するという自己矛盾を起こす取材対象がいくつかある。天皇制、被差別部落、芸能界、組織暴力団、創価学会、作家、警察などが思いつくだろう。これらに並んで記者や編集者の口にのぼるのが、日本最大の広告会社・電通という東証一部上場企業だ。電通と並びメガ・エージェンシーと呼ばれる業界第二位の博報堂については、タブーという認識は業界にほとんどないから、広告会社がタブーなのではなく電通がタブーということになる。

事実、電通の暗部も取材するから何か情報はないかと一線の新聞記者や週刊誌記者に当たると、「恐いですねえ」「うちではやれませんよ」「マジで気を付けたほうがいい」などと口を揃えたから不思議である。取材班の中にすら、「業界で生きられなくなると言われた。すみません」とメールを送ってきて以来、音信不通になった記者もいたのだから、電通のマスコミ業界への〝ＰＲ〟は相当効いている。

『週刊金曜日』は薄いのに定価五〇〇円（二〇一八年現在：五八〇円）で割高だと不評

を買うことがあるが、ほかの総合週刊誌が三〇〇円程度で販売できるのは広告費を払うスポンサーと、スポンサーを連れてくる広告代理店がいるからだ。本誌も第一回掲載後、ときに電通の別働隊として動く「共同ＰＲ」と、関連会社の「電通ヤング・アンド・ルビカム」から、広告出稿の問い合わせが来た。これら広告会社に依頼して広告を入れれば、『週刊金曜日』も分厚くなり、定価も下げられるが、その要望には応じることはないだろう。この書籍や本誌を購読してくれる読者だけが今後も頼りなのである。

取材の結果はお読みいただいた通りだ。短期間の取材と限られた誌面には限界があったが、広告会社の枠を超えた電通の姿は提示できたと思う。メディアのささやかな自己規制も長年積み重なれば、立派なタブーになることも証明されただろう。

もともと規制やタブーの多い不自由なメディアの順番でいえば、テレビ、新聞、雑誌となろうが、奇しくもそれは広告費の高さ、給料の高さ、取材経費の高さ、そして影響力の大きさの順番でもあるようだ。苦笑いするしかないが、『週刊金曜日』という器は、そういう形式的な条件に当てはめても、制約はきわめて低い。「伝えるべきことはどんなことも伝える」を最優先にしたゲリラ雑誌として、これからも〝暗躍〟していきたい。

（『週刊金曜日』取材班）

電通の正体　新装版

2018年7月8日　第1刷発行

編　著　『週刊金曜日』取材班
発行人　北村肇
発行所　株式会社金曜日
〒101-0051　東京都千代田区神田神保町2-23　アセンド神保町3階
URL　http://www.kinyobi.co.jp/
（業務部）　03-3221-8521 FAX 03-3221-8522
Mail gyomubu@kinyobi.co.jp
（編集部）　03-3221-8527 FAX 03-3221-8532
Mail henshubu@kinyobi.co.jp
印刷・製本　精文堂印刷株式会社
装丁・DTP　加藤英一郎

ISBN978-4-86572-029-7 C0036 ¥1400E